U0374559

中山大学 法学院 档案馆 主编

端木正教授百年诞辰纪念图传

中山大学出版社

· 广州 ·

版权所有　翻印必究

图书在版编目（CIP）数据

端木正教授百年诞辰纪念图传/中山大学法学院，中山大学档案馆主编 .—广州：中山大学出版社，2021.12
　　ISBN 978-7-306-07383-9

　　Ⅰ.①端…　Ⅱ.①中…　②中…　Ⅲ.①端木正（1920—2006）—传记—图集　Ⅳ.①K825.19-64

中国版本图书馆CIP数据核字（2021）第257735号

出 版 人: 王天琪
书名题字: 麦玉琼
策划编辑: 李海东
责任编辑: 李海东
责任校对: 赵　婷
封面设计: 林绵华
装帧设计: 林绵华
责任技编: 缪永文
出版发行: 中山大学出版社
电　　话: 编辑部 020-84110283, 84111997, 84113349
　　　　　发行部 020-84111998, 84111981, 84111160
地　　址: 广州市新港西路135号
邮　　编: 510275　　传　真: 020-84036565
网　　址: http://www.zsup.com.cn　E-mail:zdcbs@mail.sysu.edu.cn
印 刷 者: 恒美印务（广州）有限公司
规　　格: 787mm×1092mm　　1/16　　17.25印张　　330千字
版次印次: 2021年12月第1版　　2021年12月第1次印刷
定　　价: 168.00元

如发现本书因印装质量影响阅读，请与出版社发行部联系调换

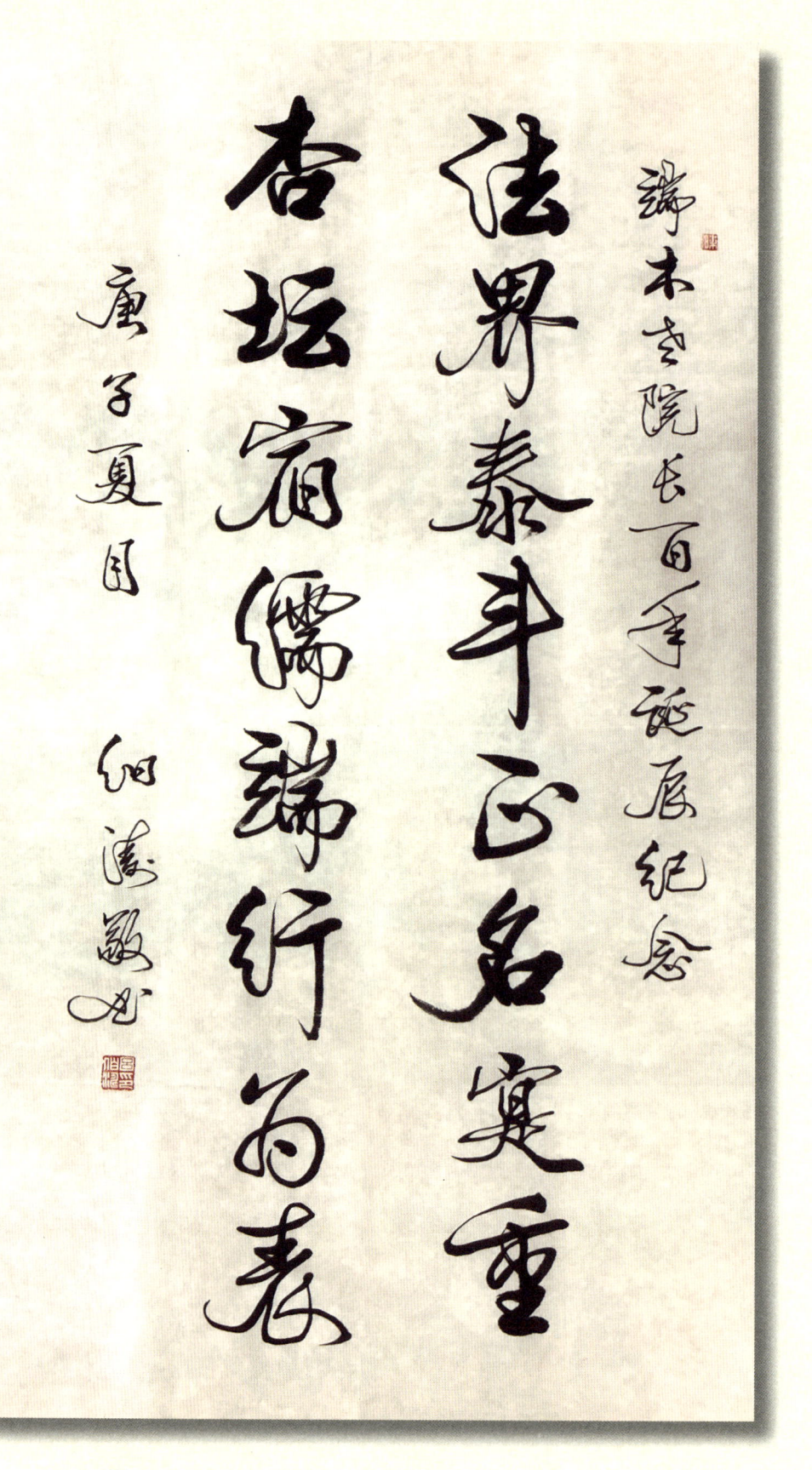

广东省高级人民法院前院长吕伯涛题字

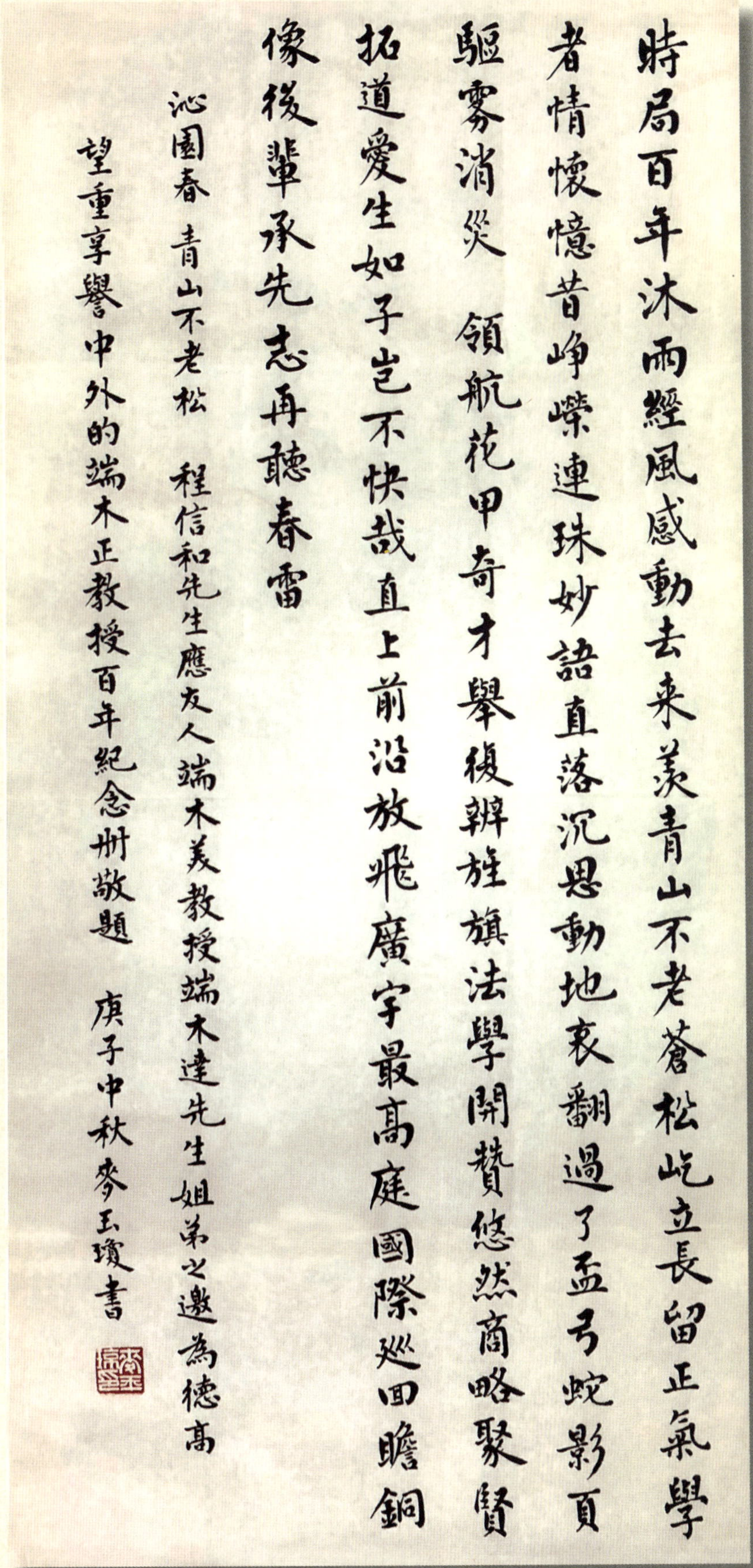

時局百年沐雨經風感動去來羨青山不老蒼松屹立長留正氣學
者情懷憶昔崢嶸連珠妙語直落沉思動地衰翻過了盂弓蛇影頁
驅霧消災　領航花甲奇才舉復辨旌旗法學開贊悠然商略聚賢
拓道愛生如子豈不快哉直上前沿放飛廣宇最高庭國際巡回瞻銅
像後輩承先志再聽春雷

沁園春　青山不老松　程信和先生應友人端木美教授端木達先生姐弟之邀為德高
望重享譽中外的端木正教授百年紀念册敬題　庚子中秋麥玉瓊書

《沁园春·青山不老松》，中山大学法学院教授程信和作，麦玉琼书

■ 2020年10月31日参加中山大学端木正教授百年诞辰纪念座谈会嘉宾合影

目 录

序　一 ……………………………………………… 程焕文　1

序　二 ……………………………………………… 黄　瑶　7

一、嘉宾致辞　　　　　　　　　　　　　　　　　　1

二、家世家庭　　　　　　　　　　　　　　　　　 19

三、求学之路　　　　　　　　　　　　　　　　　 28

（一）少　年 ……………………………………………… 28

（二）青　年 ……………………………………………… 30

（三）留　学 ……………………………………………… 48

（四）师　承 ……………………………………………… 61

四、任职之途　　　　　　　　　　　　　　　　　 67

（一）岭南大学 …………………………………………… 68

（二）中山大学 …………………………………………… 70

（三）中国民主同盟 ……………………………………… 81

（四）各级人大 …………………………………………… 89

（五）全国人大香港特别行政区基本法起草委员会政治体制小组 …… 98

（六）最高人民法院 ……………………………………… 99

（七）各级法院的活动 ………………………………… 106

（八）外事活动 ………………………………………… 122

五、学术成就　　　　　　　　　　　　　　　　　124

（一）论著书影 ………………………………………… 125

（二）先生手迹 ………………………………………… 131

（三）学术活动 ………………………………………… 133

（四）春华秋实 ………………………………………… 148

六、薪火相传　　149

七、社会交往　　168

（一）师友合影 ⋯⋯⋯⋯⋯⋯⋯⋯⋯⋯⋯⋯⋯⋯ 169

（二）来往信札 ⋯⋯⋯⋯⋯⋯⋯⋯⋯⋯⋯⋯⋯⋯ 190

（三）书画题字 ⋯⋯⋯⋯⋯⋯⋯⋯⋯⋯⋯⋯⋯⋯ 195

八、永恒纪念　　202

百年端木正 ⋯⋯⋯⋯⋯⋯⋯⋯⋯⋯⋯⋯ 陆键东 202

薪火相传 ⋯⋯⋯⋯⋯⋯⋯⋯⋯⋯⋯⋯⋯ 谢如东 208

闪光的记忆碎片——父亲百年诞辰有感 ⋯⋯ 端木美 210

永远的父亲 ⋯⋯⋯⋯⋯⋯⋯⋯⋯⋯⋯⋯ 端木达 216

爷爷诞辰百年随笔 ⋯⋯⋯⋯⋯⋯⋯⋯⋯ 端木时 222

大事年表　　227

家人寄语　　249

后　记　　250

序一

程焕文 *

《端木正教授百年诞辰纪念图传》付梓在即，端木美和端木达邀我撰写序言。我深感荣幸，又愧不敢当。然而，因为端木正先生对中山大学贡献巨大，姜凝女士对中山大学图书馆一往情深，而我对两位前辈也一直心怀感念，无比敬仰，所以斗胆略述文字以纪念端木正先生百年诞辰，并缅怀我们中山大学图书馆的前辈姜凝女士。

端木正先生是享誉世界的法学家，也是我景仰的前辈。但是，我一直鲜有机会亲近。记得我第一次面见端木正先生，大概是在1993年夏天的一次校友聚会上。那时，武汉大学广州校友会在广州市第二工人文化宫卡拉OK厅举行广州校友会成立十周年庆祝活动，与会校友有鹤发童颜的学长，有意气风发的青年才俊，还有毕业未几的学弟学妹，大家围坐在舞池四周的圆形靠背沙发椅上，好不热闹。庆祝活动开始时，年轻的秘书长谢石松热情地向校友介绍坐在嘉宾席正中的两位名誉会长：1936年武汉大学史学系毕业的中山大学历史学系教授陈锡祺先生（1912—2008）和1942年武汉大学政治学系毕业的中山大学法律学系教授端木正先生（1920—2006）。谢石松每介绍一位名誉会长，全场都会响起雷鸣般的掌声，校友们对两位学长的那种无限的敬仰之情，至今仍然萦绕在我的脑海，久久不能忘怀。那时，端木正先生已经担任最高人民法院副院长，大部分时间在北京，在中山大学的时间很少，所以，我很少有机会遇见端木正先生。

1998年，学校任命我做图书馆馆长，因为职务的原因，我每年都会参加几次离退休馆员的聚会，如教师节聚餐、重阳节早茶、春节团拜会等，因此有缘结识了端木正先生的夫人姜凝女士。

2009年11月12日上午9时，为庆祝中山大学85周年校庆，学校举行"陈寅恪故居修复开放仪式"，陈寅恪先生（1890—1969）的三个女儿陈琉球、陈小澎、

---

* 中山大学教授，博士生导师。时任中山大学文献与文化遗产管理部主任。

—— 1 ——

陈美延，以及海内外嘉宾云聚康乐园，共襄盛举，姜凝女士亦应邀前来。因为我是陈寅恪故居修复和布展工作的负责人，所以我当天也就临时充当故居的现场讲解员。在我讲解到陈寅恪先生的油印教材讲稿时，姜凝女士告诉我：那些油印本教材的蜡板是她帮忙刻写的，油印本《论再生缘》的蜡板也是她1953年受陈寅恪先生之托刻写的。这令我十分惊喜，于是，我连声说道：佩服，佩服，佩服！那一丝不苟的娟秀字体洋溢着一个图书馆馆员对一代宗师陈寅恪先生的无限敬仰和甘愿为人作嫁的崇高职业精神。由此，我才知道，在中山大学图书馆的馆员中，除了著名图书馆学家周连宽教授以外，一直默默无闻地支持陈寅恪先生的还有姜凝女士。由此亦可见陈寅恪先生与端木正先生和姜凝女士的深情厚谊。

姜凝女士生于1926年7月31日，1945年1月与端木正先生结为伉俪，其后一直追随端木正先生左右，相夫教子，相濡以沫六十余载。1951年，端木正先生在法国巴黎大学高级国际法研究所毕业后，受岭南大学校长陈序经教授（1903—1967）之聘，赴广州岭南大学历史政治学系任教，姜凝女士亦随之来到美丽的康乐园，从此开启了在康乐园的美好人生。

20世纪50年代初，全国院系调整，岭南大学并入中山大学后，姜凝女士随端木正先生转入中山大学。1952年3月至1956年4月在中山大学家属委员会工作，其间，1953年至1955年1月，在中山大学附属小学任代课教员；1954年6月至1956年，在广州中山大学合作社理事会工作。1956年6月至1958年10月，在中山大学中文系任语言学资料助理员。1958年10月，转入中山大学图书馆，担任期刊组馆员，负责期刊流通典藏工作。在工作之余，姜凝女士一直坚持学习，1960年曾参加中山大学图书馆业余大学学习，1964年至1965年在广东省中心图书馆委员会图书馆业余大学学习并毕业。姜凝女士工作勤勤恳恳，兢兢业业，在编制库存目录、编写馆藏外文期刊简介、指导读者使用检索工具、参与翻译图书等方面深受图书馆同仁和师生的好评。1987年7月，姜凝女士年满60岁，在服务中山大学图书馆近30年后退休。其后，姜凝女士把自己的全部精力用于辅佐端木正先生，成为康乐园的贤妻良母典范。2013年4月19日仙逝，享年87岁。

我认识姜凝女士时，她已年逾古稀，满头银发，衣着考究，言语亲和，举止优雅，令人肃然起敬。每次聚会，我的前任馆长赵燕群教授总是热情地招呼"姜姨"到主桌就坐，我也因此有较多的机会亲近姜凝女士。聚会结束时，姜凝女士总是热情地拉着我的手，说一些赞扬和鼓励的话，给我以慈母般的关怀，令我感到特别的温暖。

在担任中山大学图书馆馆长期间，我一直致力于中山大学学术文化的传承和弘扬，其中一项重要的工作就是建立学术大师专藏，在中山大学图书馆四楼特藏部相继设立了陈寅恪教授藏书纪念室、商衍鎏探花商承祚教授藏书纪念室、梁方仲教授藏书纪念室、戴镏龄教授藏书纪念室、金应熙教授藏书纪念室等一系列中大著名教授的藏书纪念室，在海内外产生了十分广泛的影响。我记得在周末的时候，有好几次在图书馆四楼见到端木正先生和姜凝女士前来观看大师专藏。我知道这些知名教授都是端木正先生和姜凝女士的同事好友，他们是前来缅怀故友的。有一次，我斗胆向端木正先生和姜凝女士提出希望端木正先生将来把个人藏书捐赠给学校图书馆。当时，姜凝女士告诉我：端木正先生每天都在读书，笔耕不辍，待到端木正先生轻松一些时再整理好藏书捐赠给图书馆。

令人感动的是，端木正先生一直把我的提议放在心上。记得大概是在 2005 年，也就是端木正先生仙逝前的一年，端木正先生曾专门嘱咐他的得意门生、法学院黄瑶教授约我和端木正先生的七八个门生，在海珠区新港东路上的好彩又一鲜酒家共进午餐，商量捐赠个人藏书的具体事宜。也就是在那次餐会上，端木正先生和姜凝女士正式表达了向学校图书馆捐赠个人全部藏书的意向。

经过数年的筹备，在 2010 年校庆日前夕，学校决定举办端木正先生诞辰 90 周年系列纪念活动。2010 年 10 月 29 日上午 9 时，中山大学法学院师生在位于康乐园马岗顶图书馆东面的端木正教授铜像前，举行向端木正教授铜像敬献花篮仪式。其后，在图书馆二楼会议室举行纪念端木正教授诞辰 90 周年座谈会。上午 10 时，"端木正教授藏书捐赠仪式"在图书馆一楼大厅隆重举行，参加藏书捐赠仪式的来宾有：端木正先生的家人，广东省高级人民法院、广东省人民检察院、广东省人大常委会法制工作委员会、广东省民盟，广东省政协等各界领导，中山大学各部门和各相关院系的负责人，端木正先生的历届研究生，以及中山大学原副校长李宝健教授，中山大学原校长黄焕秋的夫人张洁女士，岭南大学原校长陈序经教授的儿女陈其津夫妇、陈穗仙夫妇、陈渝仙夫妇等亲朋好友。法学院院长徐忠明教授介绍端木正先生的学术成就。姜凝女士代表家属，我代表学校图书馆，共同签订了《端木正教授藏书捐赠协议书》。姜凝女士正式将端木正先生在中山大学康乐园寓所的5000余册藏书、期刊、文书、文件等无偿地捐赠给中山大学图书馆，以嘉惠中山大学的莘莘学子。中山大学副校长（现中山大学党委书记）陈春声教授代表学校致辞，并颁发捐赠感谢状。端木正先生指导的首届国际法研究生、高级律师马力代表嘉宾致辞。其后，举行"端木正教授藏书纪念室开放揭幕仪式"，陈春声副校长与姜凝女士共同揭幕，5000余册藏书正式向全校师生开放，成为中山大学大师专藏的一个新亮点。

2011年4月18日，在清华大学百年校庆之际，清华大学举行"从清华园到法兰西——纪念著名法学家端木正校友"图片展和《鸿迹——纪念法学家端木正教授》（王振民主编，清华大学出版社2011年版）首发式。姜凝女士热情邀请我参加图片展和首发式活动，我欣然前往见证和庆贺。由此我对端木正先生的学术生涯、学术成就和事业贡献有了更加深刻的认识。

今年，在端木正先生诞辰100周年之际，端木美和端木达决定将其父亲端木正先生存放在北京寓所的全部藏书6000余册，非书文献资料16箱，以及个人著作、手稿、日记、信札、笔记簿、书法、字画、照片、证件等档案约1500件，悉数无偿地捐赠给中山大学图书馆和档案馆，以完成其父母生前的未竟心愿，弘扬端木正先生和姜凝女士的大爱美德，令人感动，令人无限感激。

为纪念端木正先生诞辰100周年，中山大学法学院院长黄瑶教授在去年底发起端木正先生百年诞辰纪念活动。为全力配合纪念活动，中山大学图书馆特藏部同仁赴京搬运捐赠藏书，捐赠藏书到馆后及时地清点、编目、整理，不遗余力；中山大学档案馆周纯馆长、姚明基副馆长等同仁则根据端木美和端木达捐赠的档案资料，悉心编辑印制《端木正教授百年诞辰纪念图传》，以表达文献与文化遗产管理部全体同仁对端木正先生与姜凝女士的敬意和对端木美与端木达的谢忱。

这本《端木正教授百年诞辰纪念图传》，以时为经，以事为纬，用大量珍贵的图片叙事，用简略明了的文字诠释，生动形象地展示了端木正先生光辉的人生、彪炳的成就、幸福的家庭和美满的生活，上可赓续《鸿迹：纪念法学家端木正教授》专著，成为端木正先生传记的姊妹篇，下可垂范后世，成为学人研究端木正先生的宝贵一手资料，于学术研究，于事业传承，于精神弘扬，均大有裨益，可喜可贺。

是为序。

2020 年 10 月 23 日
于中山大学康乐园竹帛斋

序二

黄 瑶 *

2020 年是端木正先生诞辰 100 周年，也是先生仙逝 14 周年。先生是我的恩师和生前同事，当先生的长女端木美研究员将《端木正教授百年诞辰纪念图传》初稿交给我并让我为该书作序时，一股难以抑制的对先生的感恩、感激和思念情不自禁地涌上心头。夜空静谧，灯光柔照，当我端坐案前，翻过一页页图片时，先生的往事和音容笑貌如电影般一幕幕闪现在我眼前，思绪随着这一张张具有纪念意义的图片回到并不太久远的过去。

学高为师　身正为范

端木正先生是中山大学的名师、一位杰出的教育家。他一生挚爱教育事业，在中山大学辛勤耕耘 50 多年，桃李芬芳，弟子遍布海内外。

1951 年，端木先生从法国巴黎大学博士毕业，以一颗炽热的爱国心，旋即回来报效祖国。回国后，先任岭南大学历史政治学系副教授兼代系主任，后任教于中山大学历史学系和政法学系。1979 年，端木正先生负责复办中山大学法律学系，于 1980 年至 1987 年任中山大学法律学系教授及首任系主任，并主讲"国际法学史""国际法""条约法"等课程。1990 年 9 月，端木先生出任最高人民法院副院长。尽管身居高位，事务繁多，但先生教书育人的初衷未改，他仍然坚持每年两次回中山大学给国际法研究生集中授课和主持研究生毕业论文答辩，直至 84 岁高龄才割舍他至爱的讲台。

端木先生博学睿智，而且言谈幽默风趣，这使得他的课堂教学大受学生们的欢迎。上世纪 70—90 年代的中山大学历史学系和法律学系上过端木老师课的学生，都

---

* 中山大学教授，博士生导师。时任中山大学法学院院长。

领略过他作为一代名师的风范。我是 1983 年入读中山大学法律学系本科的，当时端木先生是中大法律学系的系主任。1987 年我本科毕业考取本校的国际法研究生，研究生毕业后留校任教至今。在我的印象中，端木老师讲课大多不看讲稿，讲课的内容信息量很大。在教学方法上，他注重与学生们之间的互动，时常提出重深难的问题启发学生们深思，时而又化繁为简或者幽默几句，使学生们豁然开朗、如沐春风。课堂上，端木老师总教导我们要把中文和外语学好，要有口才和文才，这是我们安身立命的工具。他在讲课当中，总是见缝插针地给同学们添加一些古典人文常识，潜移默化地提高我们的文化素养，以免我们有了知识而少了文化，在日后犯一些常识性的错误。晚年，端木老师腿脚不便，但他依然坚持走路到课室去给学生上课，无论天气有多热，他都始终如一。他说：在家里给学生讲课效果不好，上课氛围不够。端木老师一直以"教书匠"自居，课堂授课直到 84 岁，才放下手中的教鞭。2004 年 11 月，他曾对记者说："要念够书才有资格给学生上课，现在世界日新月异，年年吃老本怎么行？我现在读的书没以前多了，不能拿过去的东西蒙骗学生啊。"①

端木先生的教育理念让我印象深刻，概括起来有两个显著特点：一是如春风化雨、润物细无声，二是强调培养学生的学习方法和能力。端木老师非常注重言传身教，常常以具体的事例和幽默的话语教导弟子们如何为学和为人，很少跟我们讲什么大道理或唱高调。老师很重视学生对外语的学习，他常教诲我们，外语是学好国际法的基础；在国外，博士学位论文要求有两门以上的外语参考资料，因为博士需要有宽阔的视野。他在学外语方面更是身体力行。端木老师通晓法、英、俄三国语言。他的俄文是在上世纪 50 年代全国学苏联的热潮中，响应学校的号召，开始学习的，而且由于学得好还获得了升工资的奖励。娴熟的外语能力对他在最高人民法院任职期间的对外交往工作大有助益。"授人以鱼不如授人以渔"的教育教学理念在端木老师身上得到充分的体现，他讲授国际公法专题课时注重训练学生的抽象思维能力和掌握学习研究的方法。1987 级国际法研究生曾报春律师回忆说，端木老师的一句话令她印象深刻："他跟我们讲过，

---

① 林洁：《与中国最年长的法官对话》，《羊城晚报》2004 年 11 月 22 日 A11 版。

不要担心学国际公法没有用，公法学生所具有的素质和学习方法很管用。"曾律师说，她现在对国际法已忘得差不多了，但读研时所掌握的学习方法和能力使她懂得如何去学习新的东西，职场上的适应性很强。

立德树人是大学教育的根本任务，端木先生把思想品德教育有机地融入教学的各个环节。先生在课堂上非常重视教导学生要学会先做人。他说，先学做人后做事做学问，这是一个根本的原则；法律人一定要廉洁自爱，执法者带头守法是做人的根本。先生以他荣辱不惊、从容不迫、平等待人的身教，教给学生们应始终保持一颗平常心，无论是在顺境还是身处逆境，也无论是在达官贵人面前还是面对黎民百姓。1999 年 10 月的一个周末，当时在北京大学法学院读博士的我去端木老师在北京的家。刚一坐下，老师就送给我一本新书，是倪征燠先生（新中国的首任联合国国际法院大法官）的回忆录《淡泊从容莅海牙》，就这本新书，老师跟我聊了很久。关于倪先生的为人处世之道，老师说，倪先生更多地看到别人的优点和长处，所以他的人际关系很好，人生之路平顺。端木老师表面上是在跟我聊名人传记，知人论世，但实际上是在教育我如何做人做事，我深受教益。

端木先生待学生如同待子女，他与学生的关系亦师亦友。上个世纪 80—90 年代在中山大学读国际法研究生的同学，不论导师是否为端木老师，都难以忘记端木老师那时在康乐园马岗顶的家，因为同学们时常到他家"蹭饭"。端木师母姜凝老师烹制的云南汽锅鸡和端木老师亲自下厨煮的水饺，味道好极了！不过，享受美食之后，老师就会在客厅对同学们进行一番传道、授业、解惑。还记得，傍晚时分的康乐园校道上，端木老师和师母晚饭后散步的身影，他们时不时会来到研究生宿舍看望同学们，与他们叙聊，关心他们的生活和思想。实际上，在端木老师半个多世纪的教书匠生涯中，学生在他的心中始终居于特殊的位置。端木老师在给研究生上最后一堂课时要点名，他对同学们说："我想记住你们所有人的名字。"端木老师平日的一项爱好是给学生送书。他看到好书，就会多买几本，然后一一送给那些他认为有需要的已毕业的学生。老师时常收到作者或出版社的赠书，他总是把这些赠书邮寄给在各地工作的弟子。每到新年，端木老师就给毕业了的学生们寄贺卡，而且是亲手书写信封和贺年卡里的祝

— 9 —

福话语。贺卡落款都是老师和师母共同署名，并谦逊地写上"敬贺""恭贺"或者"鞠躬"，令学生们动容。尤其值得一提的是，端木老师在最高人民法院任职期间外出视察全国各地的法院工作时，常常谢绝官方的招待节目和休闲安排，而将时间留给在当地工作的毕业生。老师每到一地总是设法与学生们联系，或电话交谈，或相约见面，他是那么地享受与学生们相聚的时光。中山大学法律学系 83 级校友、现任太原市中级人民法院民二庭副庭长的焦跃峰法官回忆道：1995 年秋，端木老师任最高人民法院副院长期间来山西太原进行视察与调研，在工作间隙与我促膝交谈，关心已毕业学生的工作、生活情况；端木老师的关怀让我既惊喜又感动，多年过去，老师对我的教导与叮嘱言犹在耳，我牢记老师的教诲，做一名优秀的法律人。

1979 年 7 月，经教育部批准，中山大学复办法律学系。花甲之年的端木先生临危受命，接下系主任的重任，在一无师资二无教材资料的条件下白手起家，筹建法律学系。从 1980 年开始，中山大学法律学系不仅开始招收本科生和研究生，而且由端木先生倡导，法律学系与广东省高级人民法院、广州市中级人民法院合作办班，培训司法干部，两年一期，到 1990 年共举办了五期，为急需法律人才的南部中国，特别是粤北、海南和广州等地区培养了大批法律人才，助力地方的法治建设和经济社会发展。

潜心治学　成就卓著

端木正先生是我国当代著名的国际法学者和历史学学者，他在国际法学和历史学方面造诣颇深。鉴于先生在这两个学科领域所取得的突出成绩，2005 年，他荣获广东省人民政府授予的首届哲学社会科学"特别学术成就奖"。

1947 年，端木先生在清华大学硕士毕业后，考取了"二战"后首批法国政府奖学金名额，于第二年赴法国巴黎大学学习国际公法，仅两年时间就拿到了法学博士学位，一时传为佳话。1951 年他学成后即回国效力。据岭南大学原校长和中山大学原副校长陈序经教授的公子陈其津先生回忆，陈校长生前对端木先生的评价是："这是一位才华横溢的教授。"端木先生的学识十分渊博，这不仅源于

—10—

他所接受的优秀中西教育、平日的博览群书，而且也与他的勤奋好学密不可分。在 2010 年 10 月举行的纪念端木正教授诞辰 90 周年座谈会上，中山大学历史学系著名的姜伯勤教授在发言中深情回忆说：端木老是一位非常勤奋的学者，他的辉煌成就主要来自他的勤奋和严谨，他在受到不公平待遇时，依然坚持治学不辍。

在端木先生 1951 年学成归国之初，由于当时法学不受重视，他被安排在历史学系教世界近现代史。对此，先生是这么看的："1951 年从法国回到解放后的祖国，没有料到不久就不能如愿担任国际法的教学：1953 年中山大学的政法学系停办。而历史学系的世界史却需要加强……我调到历史学系完全可以做到 '干一行，爱一行，钻一行'，愉快地服从分配。"①

端木先生为历史学专业付出了他人生中最宝贵的 29 年，成就非凡，尤其是在法国史的研究上成就斐然。他在《历史研究》、《世界历史》、《法国研究》、《中山大学学报》（哲社版）、《武汉大学学报》（哲社版）、《世界史研究动态》等学术期刊上，发表论文十多篇，出版著作或译著 5 部。他在中国第一个翻译索布尔的《法国革命：1789—1799》，此书和他于 20 世纪 70 年代后期所翻译的勒费弗尔的《拿破仑时代》，都在我国法国史研究中有着重大的影响。他主编的《法国大革命史辞典》是中国第一部法国史工具书。端木先生对国际史学界巴贝夫的研究深度和资料的掌握，迄今尚无人能出其右。当"文革"刚结束之时，他在广州、北京、河南、东北等地举办一系列法国史专题报告会，都引起国内世界史同行的关注，好评如潮。例如，1977 年，北京大学因为师资严重不足，邀请端木先生去做系列讲座。他有关法国大革命史的系列讲座不仅内容丰富，而且资料翔实，引起很大的轰动。他做讲座的课室，连窗口都爬满了人。

端木先生的著述极具思想性和可读性，这一点早已得到公认。在 2010 年 10 月举行的端木正教授藏书捐赠仪式上，时任中山大学副校长的陈春声教授是中山大学历史学系 1977 级的学生，他在致辞中说："端木先生编写的法国史部分是世界史教材中编

---

① 端木正著：《法国史研究文选》，中山大学出版社 1994 年版，自序第 1 页。

得最有才华的一部分。"①在1980年重返法学界之前，端木先生已经奠定了他在中国历史学界的地位。自1979年8月起，他担任中国法国史研究会副会长兼秘书长。

1979年7月，中山大学复办法律学系。年已六旬的端木先生得以归队，他在繁重的教学和行政、社会工作之外，学术上也取得很大成就。他发表了近40篇法律文章，包括《法国殖民地在摩洛哥的罪行》（1952年）、《伦敦会议的成功和失败》（1956年）、《法国大革命时期的宪法》（1989年）、《纪念联合国成立50周年》（1995年）、《中国第一个国际法学术团体："公法学会"》（1998年）等。他出版法学著作和教材4部，主持国家社会科学 "六五" 规划重点项目"广东经济特区经济法研究"。先生发表的学术论文，不仅表现出他深厚的学术功底，而且无不体现出他扎实严谨的学风、科学探证的方法、朴实清新的行文。他在1998年《中国国际法年刊》上发表的《中国第一个国际法学术团体——"公法学会"》一文，广受国际法学界的赞誉。端木先生自1984年起担任全国高等教育自学考试指导委员会法学专业委员会副主任，自1991年9月起担任中国国际法学会副会长。

端木先生回归法学教学和研究工作后，致力于国际法教材的编写工作。他在1982年中国国际法学会举办的"国际法统编教材研讨会"上的发言中指出："我们想编一本有中国特色的国际法教材，表现中国特色的方式很多，其中有一点要讲中国与国际法的问题。"②上世纪80年代末，端木先生主编的《国际法》（北京大学出版社，1989年第一版、1997年第二版）在中国法学界广受好评，引用率很高，对中国国际法的教学与研究产生了重要影响。2006年9月，我在参加ETHICS亚洲地区国际刑法研讨会时遇到清华大学法学院的张新军老师，他告诉我：虽然目前国内的国际法教科书数量很多，但要为本科生挑选一本合适的国际法教本很难，他最终选择了端木正主编的《国际法》一书作为清华大学法学院的国际法教材。2019年4月，中国社会科学院国际法研究所副所长、《中国国际法年刊》主编柳华文教授来中山大学做讲座时也盛赞这本教材。他说，他很敬佩中山大学国际法学科，因为端木正教授的

———————————
① 王振民主编：《鸿迹——纪念法学家端木正教授》，清华大学出版社2011年版，第242页。
② 端木正著：《端木正自选集》，广东人民出版社2007年版，第257页。

—12—

《国际法》是他最喜欢的中文版国际法教材，该书内容准确，表述精当，可读性强。

端木先生学问一生，治学严谨。端木美研究员对其父亲的评价是，他"处处想着别人"，这点也体现在他的治学和处世方面。在接受媒体记者采访时，端木老师想到的是读者，他对记者们反复说的一句话是：什么都可以问，别耽误读者就行。在出版《法国史研究文选》时，他没有收录1977年之前发表的文章，因为"当时资料欠缺，今天要想增补修改既费力气也不值得"，"最后决定还是只辑入1978年至1992年已发表过的文章，分量似乎少了点，但总是出于对自己对读者负责的考虑"。[①]

服务社会　贡献卓越

端木先生从学校到社会，积极传播法律知识和法治精神，在参与国家和地方的立法和司法工作、推动我国法治建设等方面贡献卓越，践行着他青年时代以法报国的志向。

在上世纪80年代，端木先生先后当选为各级人大代表：1983年当选为广东省人大常委会常委，1988年起任广东省人大常委会副主任，服务于广东省地方立法和法治建设工作。1984年当选为中国民主同盟广东省委常委，1988年当选为第七届全国人民代表大会代表、民盟广东省委主委、民盟中央常委，他一直积极建言献策。

1985—1990年，端木先生作为专家被全国人大任命为香港特别行政区基本法起草委员会委员。他参加的是政治制度小组，负责完成1997年后的香港政治制度的构思，这是基本法中极为重要的部分。在没有先例可循、没有法律文件可供参考的情况下，端木先生和其他委员一起，起草了体现"一国两制"精神的法律文件《香港特别行政区基本法》，顺利完成了这一光荣使命。

1990—1995年，端木先生被任命为中华人民共和国最高人民法院副院长、审判委员会委员，主管交通审判、对外交流和对外司法协助，为我国的改革开放和经济社会

---

① 端木正著：《法国史研究文选》，自序第2页。

发展作出了不可磨灭的贡献。时任最高人民法院院长肖扬在给端木先生85岁寿辰的贺信中说：端木先生"以他缜密的思维、独到的见解和深厚的法学功底保证了审判业务的进行，推动了司法工作的进展"。①1995年，因年事已高，端木先生改任最高人民法院咨询委员会副主任。

1993年，中华人民共和国恢复了总部设在荷兰海牙的常设仲裁法院（PCA）的活动，端木先生成为新中国政府指派的首批四名仲裁员中最年轻的一位，并连任至他辞世。上世纪八九十年代，先生先后前往12个国家，包括法国、美国、瑞士、荷兰、西班牙、德国、意大利、蒙古、泰国、土耳其、菲律宾、尼日利亚和我国香港地区进行访问、讲学或参加国际学术会议，包括多次出席世界法学家协会的大会和学术研讨会，在国际场合发出中国法律人的声音。1986年，端木先生应邀出访瑞士，在几个城市用法语发表关于香港问题的报告，"他对中国近代历史中屈辱的一页所表达的愤怒、感慨溢于言表"，听众席上的外国教授和学生无不为之动容，并对这样一个具有强烈爱国心的中国知识分子充满崇高的敬意。②

端木先生德高为范。他是个平等待人、充满博爱之心的仁者。他虽然身居高位，但始终平等地对待他的学生和部属们，即便是对最普通的家庭工人也不例外。端木先生生活简朴，但乐善好施，不仅购书赠书给学生和法学院、捐赠藏书给学校，而且还常捐款做善事。端木先生虽功成名就，然品性谦厚，总是保持虚怀若谷的学者风度。他说，学者的一个特征是"学而后知不足"③。

2015年是端木先生95岁冥寿。为了弘扬端木先生的爱国、民主和法治精神，传播先生严谨治学和独立思考的学风，光大先生教育为先、为人为学全面育人的教育理念，在端木先生弟子们的积极推动下，在这一年的"五四"青年节，"端木正法学基金"正式成立。这是中山大学法学院第一个以教师名义设立的教育基金，它彰显了端木先生在中山大学及其法学院中所具有的特殊地位。该基金定位于主要用以支持中大法学

---

① 黄瑶、赵晓雁编：《明德集——端木正教授八十五华诞祝寿文集》，北京大学出版社2005年版，第6页。

② 端木美：《爱国知识分子的一生》，《群言》2007年第1期，第31页。

③ 端木正著：《端木正自选集》，第409页。

—14—

院的国际学术交流活动，这契合端木先生生前高度重视法律学系的对外学术交流活动的远见卓识。自改革开放之初起，端木先生就积极开展"请进来、走出去"国际交流活动。在他主政法律学系期间，对外学术交流活动十分活跃，先后与美国、英国、法国、德国、荷兰和中国香港等地的知名法学院保持良好的项目合作和学术交流关系，培养了一批具有国际综合视野、通晓国际规则的涉外法律人才。

我们纪念端木先生百年诞辰，不仅仅是为了纪念和表达我们对先生的敬仰和怀念之情，也是为了弘扬尊师重教的社会风尚，更是为了以端木先生为榜样，爱国敬业，为国家的法治建设和法律人才培养作出我们应有的贡献。

2020 年 10 月 1 日于广州康乐园

一、嘉宾致辞

在端木正教授百年诞辰纪念座谈会上的致辞一

李善民[*]

尊敬的端木先生的家属们，各位来宾、校友、老师们、同学们：

大家上午好！

金秋时节的广州，天蓝草碧，日暖风轻。在这个美好的日子，我非常激动能与各位相聚在美丽的康乐园，一同参加端木正教授百年诞辰纪念座谈会，一起纪念和缅怀端木先生。在此，我谨代表中山大学对大家的到来表示热烈的欢迎和由衷的感谢！

中山大学由一代伟人孙中山先生亲手创办。96 年前，他倡议在广东设立黄埔军校和国立广东大学"一文一武"两所学校，造就"为国家、为人民、为社会、为世界服务"的人才。如今，中山大学由广州校区、珠海校区、深圳校区共三个校区、五个校园及十家附属医院组成。中山大学始终坚持中国共产党的领导，坚持中国特色社会主义办学方向，努力培养具有"德才兼备、领袖气质、家国情怀"的创新人才。

"立德树人""尊师重教"是中山大学办校以来一直坚守和秉承的理念，也是中山大学一代代为师者孜孜不倦的追求。端木正先生自 1951 年受岭南大学邀请，回国担任历史政治学系副教授兼代系主任开始，便与中山大学结下不解之缘。先生是我国著名的法学家、史学家、教育家、社会活动家，曾担任最高人民法院副院长、设在海牙的常设仲裁法院的仲裁员、香港特别行政区基本

---

[*] 中山大学副校长。

法起草委员会委员等重要职务，在法学界和史学界享有盛誉。先生是中山大学法律学系复办后的第一任系主任、中山大学法学研究所的首任所长，先生办系的指导思想，在于大力培养法学专业人才，满足社会发展的需求，提高国家整体的法学水平，实现以法治国的最高目标。先生为中山大学法学学科的发展壮大、为中国特色社会主义法治建设作出了卓越贡献。

"春蚕到死丝方尽"，先生一生勤于读书思考，著述多有创见，终身以教书育人、传道授业为荣。即使在年进七十、成为中国最年长的法官之后，先生仍保留着教职，一年两次返归中山大学（每次月余），指导系中研究生的学业，教书授课直到八十开外，亲自培养研究生三十多名。先生育才，首重育德，无德即无行。尤其法学教育，肩负着实现以法治国的重任，"德"与"行"之义，尤显重要。"学法先学做人"，"问学先问德"，先生践行全面育人的教育理念，漫漫五十余年，言传身教、育人育德，以其崇高的道德、渊博的学问、博大的胸怀、远大的理想、高尚的人格，感染和激励着一代代优秀的传承者、接班人，薪火传承，恒久弥远。

当下中国已经进入新时代。党的十八大以来，习近平总书记关于全面依法治国重要思想的一系列论述，为发展中国特色社会主义法治思想体系提供了指导思想。党的十九大提出了落实立德树人根本任务，培养德智体美全面发展的社会主义建设者和接班人。习近平总书记指出，大学是立德树人、培养人才的地方，要把立德树人的成效作为检验学校一切工作的根本标准，真正做到以文化人、以德育人，不断提高学生思想水平、政治觉悟、道德品质、文化素养，做到明大德、守公德、严私德。这为中国特色社会主义法学教育指明了根本方向。今天我们齐聚一堂，纪念端木先生百年诞辰，正当其时，而且意义深远，既是为了缅怀先生，更是为了继承和弘扬先生爱国、民主、法治精神，深入宣传先生为人为学全面育人的教育理念，激励广大师生和学界同仁立德树人、尊师重教、树立远大理想，积极投身中国特色社会主义法治建设。

最后，衷心祝愿今天的座谈会取得圆满成功！祝各位身体健康！

谢谢大家！

2020 年 10 月 31 日

在端木正教授百年诞辰纪念座谈会上的致辞二

陶凯元 *

尊敬的王学成副主任、龚稼立院长、李善民副校长、叶迅生检察长、端木美大姐、端木达大哥，各位老师、同学们：

大家上午好！

值此端木正先生百年诞辰之际，中山大学在此召开端木正教授百年诞辰纪念座谈会，继承和弘扬先生爱国民主法治精神，宣传先生全面育人的教育理念，意义深远。受最高人民法院首席大法官周强院长的委托，我代表最高人民法院，专程回广州，我说的是"回"广州，因为我认为，我是广州人。能够参加这次会议深感荣幸之至。端木正先生是我国当代著名的国际法学家、知名教育家，也是德高望重的共和国最高人民法院大法官。1990年秋天，年逾古稀的端木正先生从康乐园来到北京市东交民巷27号履职，成为我国改革开放以来第一位到最高人民法院担任副院长的民主党派人士。这次的华丽转身，不仅是先生人生历程的辉煌转折，也是我国民主政治发展进步的重要标志。端木正先生在担任最高人民法院副院长期间，主管海事审判和全国铁路运输审判工作。作为著名的国际法学者，他站在全球化的视角，指出中国经济必将以广阔的海洋为发展通道，中国的海事审判必将面临国际化。他还不顾高龄，视察了当时全国已设立的8个海事法院，进行调研指导，为海事审判工作的发展倾注了大量的心血。在铁路运输法院管理体制改革之际，他也亲自视察了当时全国大部分铁路运输中院和基层法院，谋划适合国情的改革方略和措施，并给予广大铁路法院干劲，带去了最高人民法院的问候、鼓励和希望，推动了此项改革任务的顺利进行。

端木正先生学贯中西、博古通今，对司法理念形成的历史背景有其独到的

---

* 时任最高人民法院副院长。

见解。他深信我国现行的司法制度具有五千年历史基因的传承脉络，是最适合中国国情的制度。在各类案件的审理中，他经常会提出一些充满东方智慧的处理意见，使许多法官大受裨益。端木正先生也是我国推荐到海牙常设仲裁法院的仲裁员之一，他以其自身的影响力，大力推进中外法律文化的合作与交流，他还积极向国外同行介绍中国的法学研究和司法成就。在最高人民法院任职期间，他多次率团出访，加强国际司法交流，还代表任建新院长出席了在菲律宾举行的世界法律大会。最高人民法院前首席大法官肖扬先生曾称赞端木正先生：先生学识渊博，在担任法律实务工作期间，他以缜密的思维、独到的见解和深厚的法学功底，保证了审判业务的进行，推动了司法工作的进展，真正体现了以法报国的法学家的风采。

在端木正先生百年诞辰之际，我们回顾先生丰富卓越的人生经历，追忆先生为中国司法事业所作出的杰出贡献。作为一代爱国知识分子和优秀法律人的杰出代表，先生高尚的爱国情操、优秀的思想品德、宽广的学者胸怀和精湛的专业水平，也必将激励莘莘法律学子和广大司法工作者正言逆行、坚守初心，为维护公平正义、推进具有中国特色的司法事业发展，上下求索、毕生奉献。

谢谢大家！

2020 年 10 月 31 日

在端木正教授百年诞辰纪念座谈会上的致辞三

王学成*

尊敬的各位领导、各位老师、各位来宾：

大家上午好！

今天，我们怀着十分崇敬的心情，在这里举行座谈会，隆重纪念端木正同志诞辰100周年，深切缅怀他不平凡的人生历程和杰出贡献，追思和学习他为民族独立、国家富强、人民幸福不懈奋斗的崇高追求和精神风范。

端木正同志，我们都亲切地尊称他为端木老，是我们非常熟悉而又非常敬佩的一位德高望重的民盟广东省委领导人。1953年3月6日，端木老在中山大学宣誓加入了中国民主同盟。先后担任民盟中山大学总支主委，民盟广东省委第八届常委、第九届主委和第十一、十二届名誉主委，民盟中央第六、七届常委，第七、八届全国人大代表，广东省第六届人大常委会委员、第七届人大常委会副主任等职务，为促进民盟组织的巩固、发展和参政议政能力的提高尽心尽责，为广东经济社会发展建诤言、谋良策，作出了很大的贡献。

1988年3月，在民盟广东省第九次代表大会上，端木老当选广东省委主委，1990年11月离任。虽然他担任主委时间不长，但对民盟广东省委其后的发展影响非常深远。当时的环境，资产阶级自由化的思潮也对民盟组织产生了冲击。在这种关键时刻，端木老号召全省各级盟组织和广大盟员一定要坚持中国共产党的领导，协助党做好思想政治工作和稳定学生思想工作；进一步在盟内加强坚持四项基本原则、反对资产阶级自由化思想教育，开展爱国主义、社会主义、独立自主、艰苦奋斗学习活动；同时，提出作为以高校教师为主界别的民主党派，民盟要积极发挥政党作用，通过各种渠道提出意见建议，协助处理好学生工作。在端木老的带领下，广东民盟组织没有出现大的波动，采取了

---

* 时任广东省人大常委会副主任。

多项措施协助维护安定团结的大局，为广东迅速转变工作重心、恢复经济建设作出了重要贡献。

在自身建设方面，民盟广东省委第九届领导班子的平均年龄是 60.14 岁，培养新盟员的工作已经刻不容缓。端木老坚持重点抓好组织发展工作，特别是代表性人士入盟工作。短短两年多，先后发展了温思美、施平、方积乾、林鸿伟、张湘民、刘念、张进疆、叶农、吴超林、曾晓红等一大批代表性人士入盟。经过培养锻炼，这些人后来都成为广东民盟各级组织的领导班子成员和参政议政骨干，为民盟广东省委其后的发展打下了坚实的基础。

民盟是个智力集团，如何发挥作用？端木老认为领导人的决策、导向将起到关键作用。为进一步做好参政议政工作，端木老在任职期间，对全省各级盟组织在新中国成立以来各个时期参政议政情况开展了一次深入调研，总结参政议政工作的经验和存在的问题，形成了《关于我会各级组织参政议政的调查报告》并报送民盟中央，得到民盟中央的高度肯定。针对教育改革中的问题，向有关部门提交了《关于广东省普通教育的调查报告》《关于当前教育体制改革中的一些问题和建议》等多篇报告，很多建议都被采纳。此外，围绕我国的民主政治建设、社会主义民主与法制建设、参政党建设等问题，端木老也作了深入研究，多次强调要有政党意识才能做好参政议政工作。

1985 年 7 月，中华人民共和国香港特别行政区基本法起草委员会成立。作为享有盛誉的国际法专家，端木老和时任民盟中央副主席费孝通、钱伟长，民盟成员林亨元、王铁崖、芮沐一起被聘为委员。1990 年 9 月，在第七届全国人大常委会第十五次会议上，他又被任命为最高人民法院副院长、审判委员会委员。古稀之年担此重任，既表明了人民代表对他的信任，也体现了中国共产党与民主党派肝胆相照、真诚合作的一贯精神。端木老以其缜密的思维和不凡的见解，为制定好《香港特别行政区基本法》和促进中国的民主法制建设及司法水平的提高付出了心血，作出了贡献，也为民盟赢得了荣誉。

最后，我们一起重温一遍端木老当年的入盟誓词：我谨以至诚参加中国民主同盟，衷心接受中国共产党的领导，拥护中华人民共和国宪法，全力贯彻宪法的实施，遵守盟的组织纪律，执行组织决策，为实现国家在过渡时期总任务，实现社会主义建设与社会主义改造而奋斗。此后，无论是在什么工作岗位，无论身处顺境还是逆境，端木老以实际行动实现了他的誓言，也给我们留下了宝贵的精神财富。

同志们，朋友们！斯人已逝，风范长存！第一个百年奋斗目标实现胜利在望，第二个百年奋斗征程即将开启。此时此刻，站在历史交汇点上，我们更要努力学习端木正同志拥护中国共产党、热爱祖国、献身社会、为国家奋斗一生的高尚品格，学习他毫不计较个人得失、无私奉献的个人品质，学习他坚持真理、实事求是的优良作风，为广东经济社会高质量发展，为中华民族的伟大复兴作出更大的贡献。

2020 年 10 月 31 日

在端木正教授百年诞辰纪念座谈会上的致辞四

端木美[*]

各位领导、各位嘉宾，女士们、先生们！

大家上午好！

父亲端木正百年诞辰纪念活动终于在他安身立命一辈子的中山大学举行。在不寻常的 2020 年，由父亲一生以"教书匠"为荣的学校同事、学生回顾他不同凡响的百年，是纪念他的最好方式。

这次纪念活动得到中山大学校领导和档案馆、图书馆、法学院等单位各级领导以及端木正法学基金会的高度重视和支持，大家合力在疫情变化莫测的几个月里，尽全力地组织纪念会、档案捐赠和图书捐赠，并由档案馆牵头组织了《端木正教授百年诞辰纪念图传》的印行，使得这次活动丰富多彩，极具历史意义。作为家属，我们深受感动！在此特对学校、学校领导以及学校文献与文化遗产管理部、法学院等单位表示衷心的感谢！

自从留学归国来到广东，父亲六十岁以前，青壮年代的最好时光是从岭南大学到中山大学历史学系工作，大家都知道他经历过的风风雨雨。但是他内心坚强、意志坚定，从来没有消极沉沦。在那些不能向学生授课的至暗时刻，他被安排在资料室工作，这给了他绝好的机会，通过当时系里可以订阅的英文、俄文学术期刊报纸了解到外部世界的信息，积累了有助于历史研究的新资料。当"文革"结束，学术界百废待兴，他拿出了关于法国宪法、法国大革命、拿破仑、巴贝夫等一系列有水平的学术报告登上北京大学讲坛，代替当时出国访问的法国史专家张芝联先生授课月余，引起史学界很大的轰动。可以说，历史学系资料室以及系里给过他精神和业务支持的同事在相当大程度上成就了他在中国法国史学界的声望，非常感谢历史学系和各位同仁！

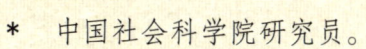

[*] 中国社会科学院研究员。

父亲在六十岁以后、正步入退休年月，却被一连串的任命——复办法律学系的系主任、香港特区基本法起草委员、最高人民法院副院长、海牙常设仲裁法院仲裁员推上了命运的高光时刻。复办停了二十多年的法律学系，一无人手、二无资料、更无财源，处境窘迫。父亲这位已经白发苍苍的留法学子，凭他早年回国志在报效祖国的信念，充满智慧和力量地在康乐园"绝地反击"，短短几年就把中大法律学系办成全国有影响力、华南地区年轻而活跃的法律人才培养之地。在法律学系的课堂上，他用满腔热情和一生心血迎接来自各方的青年学子；在马岗顶的旧居里，他几乎是最早就能高瞻远瞩地通过送学生出国、接待外宾来访打开学界大门，助力中大法律学系走向世界。尽管后来在北京履职最高人民法院副院长，但是他依然不忘康乐园的历史使命，年年都要回来尽可能给法律学系学生讲课、与广东法学界人士会面相聚。中大法律学系的复办和发展圆了他学法报国的梦想，在法律学系的那些火红年代相信是他一生最幸福的岁月。非常感谢法学院和他的同事学生们！

　　这次，《端木正教授百年诞辰纪念图传》的印行作为活动的重要一项，尤为引人注目。档案馆从去年下半年就开始征集父亲生活学习工作过的地方的资料，尽管全国受疫情影响，但是一些宝贵的、从未发表过的资料都能及时寄到中大档案馆！衷心感谢武汉大学、清华大学、最高人民法院、广东省民盟等多个单位的鼎力支持，他们提供的珍贵档案资料，印证了一位不多见的、学历如此完整的中国学者的学术素养、爱国情怀、历史贡献。感谢档案馆的专家们精心策划、认真工作。我们还有幸请到中山大学文献与文化遗产管理部主任程焕文教授、法学院院长黄瑶教授为本图传作序，感激之情难以言表！同时还要感谢广东省高级人民法院原院长吕伯涛先生、法学家程信和先生及书法家麦玉琼女士为本图传题诗题字。

　　在座的许多朋友都会记得，2010年10月在图书馆的那次端木正图书捐赠仪式。当时由我的母亲姜凝女士亲自致辞，她带着不舍，为完成父亲的遗愿，把多年同父亲一起整理的书籍文件交到她本人工作了半辈子的康乐园中的图书馆。从那时起，我们亲眼看到中大图书馆是如何善待我父亲的这些书籍文件，深受感动！为此我们决心把父亲留下的其余书籍也要捐给中山大学，为他在康乐园留下一个完整的书房。

这次，我们向中大图书馆捐赠了父亲留在广州家中的书籍五十箱、在北京留给我使用的书籍四十多箱，大部分为历史书，还有他珍藏的从法国带回来的书籍，有青年时代助他学业成功的旧书，也有后来重返法国购买的心爱的实用书籍，更有名家赠送的宝贵签名书。当然，这次也不止历史书，也还有父亲特别不舍的他的老师们的书，中国的如钱端升、王铁崖、陈序经等的，也有他的法国老师们的很旧的名著，是他在上世纪50年代初留学归国时乘海轮漂泊一个多月带回来的。不久前图书馆派人专程到京迎运这些书，我们感激不尽！

在整理北京这批书之时，我不能忘怀父亲2006年11月27日离京前在那几排书架前驻足，对我说："这些书你留着用。"不想这就是他留给我的最后的遗言。这些书也是助我进步的最有力的工具，是父亲留给我的无价之宝。在这具有历史意义的纪念时刻，把父亲留下的书籍再次赠送给他耕耘了一辈子的中山大学，为这些书找到一个无可替代的归宿，相信也一定是他本人的心愿。

谢谢大家！

2020 年 10 月 31 日

在端木正教授百年诞辰纪念座谈会上的致辞五

叶迅生 *

尊敬的母校中山大学李善民副校长、端木正教授的家属代表、最高院陶院长和各位嘉宾、老师们和亲爱的同学们：

大家早上好！

受端木正法学基金会同仁的委托，本人谨以中山大学法学院校友的身份，在庄严和隆重的"端木正教授百年诞辰纪念座谈会"发表以下感言。

尊敬的端木老师是著名的国际法专家、著名的法国史专家和杰出的法律工作者，参照陈致中老师转述的先生提倡的"以史为经，以事为纬"的研究方法，在端木老师的人生轨迹之中，我们可见，先生曾经承任以下多个不同的角色：

国内外知名大学的学生和知名学者、南国岭南大学和中山大学的知名学者和教授、人民代表大会和中国民主同盟的知名成员、香港特别行政区基本法起草委员会委员、最高人民法院副院长和审判委员会委员、中国法官协会副会长、中国国际法学会副会长、中国法学会常务理事和顾问、海牙常设仲裁法院仲裁员……

面对先生著作等身、一身多职的情况，我们实在可以借用孔门颜渊所谓"仰之弥高，钻之弥坚"的感慨。

先生的学识和能力，早有公论，不同领域的先进大家以及先生的弟子们已多有论及或是口咏相传。温厚、睿智、仁爱应该都是先生品格的写照。根据追随先生多年的历史研究或者法学研究的一众弟子的忆述，似乎没有一人提过先生曾经表现过愠恼失态，我们认为，自强自立、平等待人和宠辱不惊，中国传统知识分子本有的仁义理念和先生于西学汲取的自由平等博爱的理念在先生身

---

* 时任澳门特别行政区检察院检察长。

上得到了完美的结合。

先生温润如玉，对长辈老师执师长之礼，对后辈扶持指导不遗余力。根据历史学系黄义祥老师《知名的法国史学家端木正教授》一文的忆述，在1979年10月，中大奉教育部之命复办法律学系。1980年初，学校领导与先生商谈，要求他负责复办法律学系，并承担该系的行政责任。对此，先生回忆，在历史学系工作27年，"……已熟悉世界史的教学，安心法国史的研究"，原来所学的国际法"在饱经世事沧桑之后，如今只深藏在遥远的回忆之中"。然而，经过数个月的深思熟虑，为了实现依法治国的愿景，先生在一无教材二无师资的情况之下，毅然决然地再次进行职业的转身，重回法律教育和法学研究的本行。

壮哉先生！

环顾南粤大地，由1980年之前的法学教育空白到现在的法学教育蓬勃发展，南粤的法律教育为国家依法治国方略不断提供人才保证。仰望星空，我们相信，此一情况足以告慰我们共同的先生。

先生是一位正人君子，一位传统的以知识报国的知识分子。很多时候，我们都在省思，我们应该向先生学习。但是，面对"循循然善诱人，博我以文，约我以礼"的这样一位老师，我们肯定会有"虽欲从之，末由也已"的感叹。

先生深爱自己的祖国，关爱身边的同事，顾爱自己的家人，修身齐家，"立功、立德、立言"（参见程信和教授《端木正教授对法制建设、法学发展的贡献》的标题语）。作为先生的中大弟子，我们也许无法企达先生在专业和人生方面大而化之的境界，但是，如果我们都能学习先生"干一行，爱一行，钻一行"，相信我们中大的校友都能在不同的岗位作出自己应有的贡献。

借端木正教授百年诞辰纪念座谈会的机会，谨此向端木老师表达中大法学院学生的崇高敬意！

谢谢老师！

2020年10月31日

在端木正教授百年诞辰纪念座谈会上的致辞六

程焕文 *

各位领导、各位嘉宾：

今天我怀着无比崇敬的心情来参加纪念端木正教授百年诞辰座谈会。实话说，刚才端木美教授的讲话的确是让我的心里很不平静，特别想流泪。我想，参加这么一个会议，我不是端木老的学生，其实在端木老在世的时候见过他的次数也非常的有限。但是，我知道，中山大学立校的学术根基之一是法学；我知道，中山大学法学的文脉曾经在上世纪50年代以后断裂了整整30年；我也知道，在康乐园里面，中山大学法学的文脉是由端木正先生把它赓续下来的。我们今天看到法学院复办41年，可是我们中山大学的历史只有90多年，而法学的传统到今年是114年。这么一个学术的根基和传统在20世纪50年代曾经中断了，但被这么一位我们今天在纪念的伟大的学者赓续了，所以才有了我们今天的法学的发展，才有了我们刚才这么多位领导所讲的端木正先生在香港基本法、在英国法、在国际法这些方面的成就。所以康乐园这个地方，是一个大师辈出的地方。

我们看一看端木正教授的生平，他从燕京大学到武汉大学，到清华园，到法兰西，再到美丽的康乐园。从1951年开始，他把他的一生都献给了康乐园的教育事业，从岭南大学到中山大学，一直到1979年复办法律学系。昨天在珠海校区开文科建设的会议上，我见到历史系某教授。我问他今天来不来参加这个纪念会。他说他不敢来参加，他担心到了会场会控制不住自己的感情。因为他考研究生的经历非常坎坷，到了1979年他被中山大学录取的时候，正是端木老复办法学学科，端木正教授一直要求他来辅佐，那时候他还是个学生，为什么这么要求他？因为他从中国人民大学毕业后，在法院工作了三年。当

---

* 时任中山大学文献与文化遗产管理部主任。

时，中山大学的校园里面找不到这样的人。通过这件事，我们可以看到那个年代，端木老复办法学学科，需要什么样的人才。在这个过程中可以看出他对学生的爱是怎么样的，所以他的很多东西都是催人泪下的。

某教授说，他来这里会控制不住自己的感情，其实我也是一样的，我认识端木老是从端木老的夫人姜凝老师那里认识的。她从1951年到1958年在图书馆期刊部工作，一直到1987年退休。我是1986年才到中山大学，到1998年才做图书馆馆长，我做馆长的时候她已经退休了。通过每年离退休馆员的重阳节、端午节、春节等活动，我认识了姜凝前辈。从我认识她起，她就是鹤发童颜、彬彬有礼，每次见到我都像母亲见到孩子一样。这话一点都不假，每次我们见面她都拉住我的手，说一些鼓励的话，让我感觉像慈母一样。

2005年的时候端木老说要把自己的书捐给学校，我当时做馆长，这当然是非常开心的一件事情。再到端木老去世，2010年纪念他诞辰90周年的时候，他的书被捐到了中山大学图书馆，那时候我还在做馆长，就设立了端木正教授藏书纪念室。我一直在想的一件事情，中山大学90多年的历史，100多年的办学传统，在我们的康乐园、石牌校区、文明路校区，有多少大师在校园里面经过，有多少大师留下来，像端木正教授这样的将他的一生都奉献给了康乐园，奉献给了中山大学，奉献给了历史学，奉献给了法学。像这样的教授在中山大学并不是很多。今年是纪念他诞辰100年，他把他所有的智慧、知识、经历都奉献给了我们学校、国家、民族和法律事业。那么他走了以后，端木美教授、端木达先生开始把他的所有的藏书、手稿、笔记、照片、证书都捐给我们的图书馆、档案馆，把他的一切都捐给了学校，所以我说非常感动。作为学校文献与文化遗产管理部主任，我负责学校的图书馆、档案馆、博物馆、校史馆工作，深深地为端木老生前的愿望今天在这么一个特别的时候进一步得到圆满实现而感动。

我们说大学是追随大师而学，我们的大师已经离开了我们，可是他的学术成果还会在我们的图书馆、档案馆，还有以后会新建的博物馆、校史馆里面体现，他的学术精神、爱国精神、民主精神和法治精神，还会被我们继承和弘扬。

最后，我特别感谢端木美教授、端木达先生，也感谢法学院。到后面还会有一个端木正教授的图传首发仪式，我们也感谢档案馆的同仁们，和法学院同仁们的配合收集资料，编了一个非常好的图片传记，它和前面的王振民主编的《鸿迹——纪念法学家端木正教授》的文字传记形成了一个文和图的完整传记资料。我感到非常高兴，这是我们中山大学法学院和档案馆做的一件非常好的事情。我也希望我们中山大学能有更多的这样的学术大师，让我们的老师和学生去崇敬、去崇拜。谢谢！

2020 年 10 月 31 日

在端木正教授百年诞辰纪念座谈会上的致辞七

江滢河[*]

尊敬的端木美教授、尊敬的各位领导、老师，各位同学们：

大家上午好！

今天我非常荣幸，有机会出席端木正教授百年诞辰的纪念会，以及端木正先生图书、档案的捐赠仪式。首先我代表历史学系，向端木正先生表示崇高的敬意，向端木正先生亲属的慷慨捐赠表示深深谢意。

端木正先生是我国著名的法学家、历史学家、政治学家，在学校和国家需要的时候，勇挑重担，为中山大学的学科发展，为我国的民主法治建设作出了重要的贡献。作为晚辈，我很遗憾自己无缘亲受端木正先生的教诲。但我自上个世纪 90 年代，在中大历史学系读书以来，在跟导师蔡鸿生先生、林家有老师、梁碧莹老师、刘志伟老师等历史学系的前辈的交谈中，时常都会听到他们对端木正先生的赞美和崇敬的话语，让我深深地感受到端木正先生是一位学富五车、学识渊博的学者。在历史学系优良的学术传统中，有着端木正先生鲜明的影响，他不仅对历史学系法国史、世界史学科的创建和发展，而且对历史学系包容而严谨的学术氛围和学术传统的营造，有着重要贡献。同时，端木正先生还是一位真诚正直、满腔热情、肝胆相照、富有人情味的学人，始终怀抱为国家无悔奉献的伟大情怀，在诸多领域都作出了非凡的贡献，实为后辈的楷模。

今天我们在这里纪念端木正先生诞辰 100 周年，端木正先生的藏书和有关档案重回中山大学，这是中山大学重要的精神财富，必将激励一代又一代学子为国家努力学习，不负这个伟大的时代。

2020 年 10 月 31 日

---

[*] 时任中山大学历史学系副主任。

在端木正教授百年诞辰纪念座谈会上的致辞八

黄 瑶[*]

尊敬的陶凯元副院长、王学成副主任、龚稼立院长、叶迅生检察长，端木美研究员、端木达先生，各位领导、来宾，亲爱的校友、老师和同学们：

大家好！

首先，我谨代表中山大学法学院向大家百忙之中莅临这次会议表示热烈的欢迎，并致以诚挚的感谢！

今天对中大法学院来说是非常值得纪念的日子。我们相聚在一代伟人孙中山先生发表过演讲的怀士堂，举行端木正教授百年诞辰纪念座谈会，以纪念我们敬爱的端木先生。

端木正教授为中山大学法学学科的复建和发展作出了卓越的贡献。他是中山大学法律学系复办后的第一任系主任，也是中山大学法学研究所的首任所长。1979 年 7 月，中山大学复办法律学系。当时，端木教授已年近六十，但他"老骥伏枥、志在千里"，不畏艰辛，筚路蓝缕，顺利复办法律学系并担任第一任系主任。他在教学、科研和对外交流等方面，为中大法律学系的发展和壮大奠定了坚实的基础。饮水思源，我们将永远缅怀为中大法学院作出杰出贡献的端木教授。

端木教授是一位杰出的教育家，是中山大学的一代名师，也是中山大学有重要国际影响的学者，他为中外法律交流不遗余力。端木先生从改革开放之初，就积极开展对外学术交流活动，宣传中国法治的进步。在他主政中大法律学系期间，法律学系的对外学术交流活动十分活跃，国际法等学科的教学和研究工作成绩斐然。他先后前往 12 个国家和我国香港地区进行访问、讲学或参加国际学术会议，在国际场合发出中国法律人的声音。1993 年，中华人民共和

---

[*] 时任中山大学法学院院长。

国恢复了总部设在荷兰海牙的常设仲裁法院（PCA）的活动，端木先生成为新中国指派的首批四名仲裁员中最年轻的一位仲裁员，后连任至他辞世。

端木教授在长达半个多世纪里，教书育人，辛勤耕耘，桃李芬芳，为国家和民族的教育事业作出了卓越的贡献。端木教授爱生如子，他与学生的关系亦师亦友。2015 年，在他 95 岁冥寿之际，校友们自发成立了"端木正法学基金"，这是中大法学院第一个以教师名义设立的教育基金，它彰显了端木教授在中山大学及其法学院中所具有的特殊地位，这也是端木教授深受中大法律人崇敬和爱戴的最好印证。

在端木先生诞辰 100 周年之际，我们举行端木正教授百年诞辰纪念座谈会，既是为了纪念和表达我们对端木先生的敬仰和怀念之情，也是为了弘扬端木先生的品格和精神，他的爱国情怀、学术思想、虚怀若谷的学者风度、作为师者的言行和品格，对待学生亦师亦友的师者之心，等等，这些都是中大法学院极其宝贵的精神财富，都是对中大法学院师生的一种激励、教育和启迪。我们将以端木教授为榜样，为国家的法律人才培养和法治建设不断作出新的贡献。

最后，再次衷心感谢在特殊时期前来参加端木教授百年诞辰纪念会的各位领导、来宾、校友和师生！由衷祝福在座的各位身体健康，生活愉快，一切安好！

谢谢大家！

2020 年 10 月 31 日

二、家世家庭

1920 年 7 月 17 日，端木正先生出生于北京一个世代有贤声的回族家族。先生字昭定，号翼天，是我国当代著名的国际法学者、法国革命史学者，教育家，中山大学法律学系教授。曾任最高人民法院副院长，第七、第八届全国"人大"代表，香港特别行政区基本法起草委员会委员和国际常设仲裁法院（设在荷兰海牙）仲裁员等职。

先生祖籍安徽省安庆市。曾祖父端木东山以主持修建安庆南关清真寺而见重于乡里，知名于同族；祖父端木琴为当地名秀才，课馆授徒，泽惠地方，而教子女尤严；祖母江西南昌钱氏，以勤劳持家、善育子女而知名于乡里。

先生之父端木杰（字文侠）从小随父启蒙，后成为安庆教育名宿郑子惠的得意高足。1911 年辛亥革命爆发，未满 15 岁的端木杰投笔从戎，参加安徽青年军。他半生戎马，为官任吏，教书辅才，始终正直善良，忠诚克守。先生母亲姚氏一生贤惠，相夫教子，宽严皆自慈爱，影响先生深矣。姚氏有子、女各四人，皆学有所长，各有所成，端木正为其第二子。

1945 年 1 月，先生与四川籍小姐姜凝结为秦晋之好。育一女二子。

端木正先生父母的合照（右：父亲端木杰；左：母亲姚进）

端木正先生个人照

端木正先生与姜凝女士的结婚照

端木正先生与姜凝女士的合影

家世家庭

■ 端木正先生与姜凝女士的合影

■ 端木正先生与姜凝女士在中山大学马岗顶旧居前送别客人

1995 年 6 月，端木正先生与姜凝女士在法国巴黎圣米歇尔广场

端木正先生与姜凝女士在中山大学法律学系门前的合影

2005 年 2 月 15 日，端木正先生与姜凝女士于广州兰圃的合影

1986 年，端木正先生（前排左四）与家人的合影

1999 年 3 月 20 日，端木正先生（中排右二）在京与家人送别自美国来探亲的长兄（中排左二）

2004 年 8 月 7 日，与家人的合影

（左起：端木达、姜凝、端木美、端木正、端木立）

端木正夫妇（前排右一、右二）及子、媳、孙、孙媳与亲家胡荣（前排左一）、张志晖（前排左二）的合影

家世家庭

1976 年 5 月 31 日，端木正先生在广州流花公园里的凉亭下看书

1993 年 5 月 2 日，端木正先生在南京夫子庙孔子大弟子端木赐（子贡）塑像旁留影

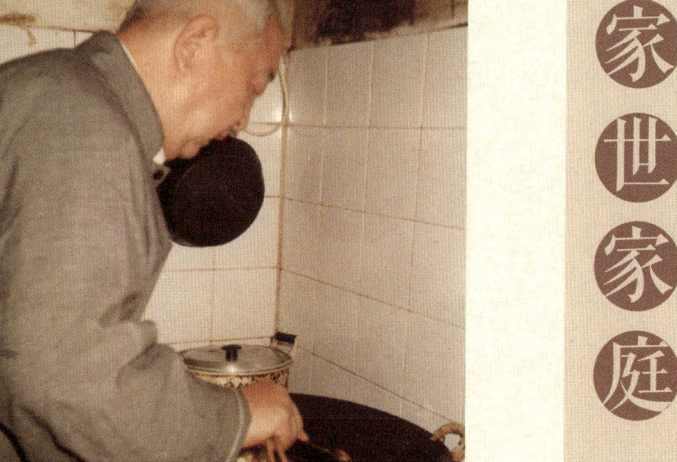

家世家庭

1994 年 6 月 9 日，端木正先生在看书

端木正先生在下厨

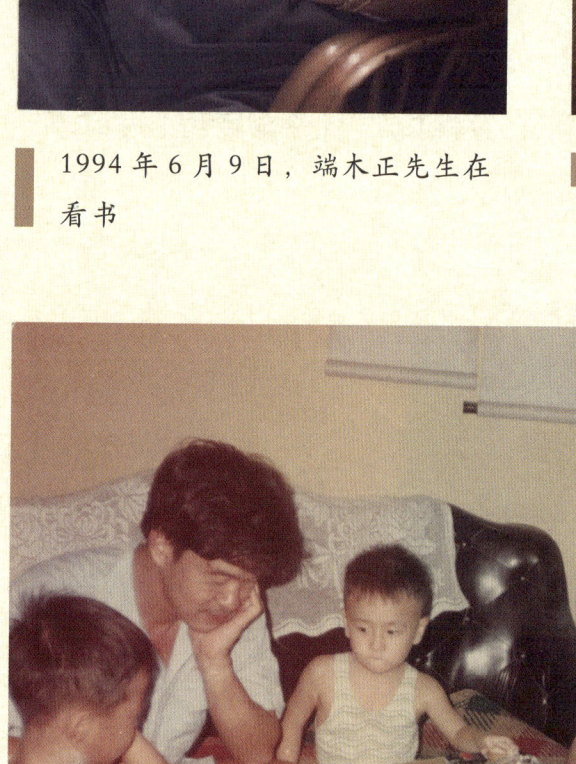

端木正先生与儿孙在下棋

三、求学之路

（一）少 年

先生三岁时即受母亲姚进启蒙，定时上课，每日授字四个。1925年，五岁的先生随大哥入读北京东城第十八小学（后称府学胡同小学）。该校始建于14世纪中，是北京历史最悠久的小学。它毗邻著名的文天祥祠东墙，园内供奉的文天祥像以及文天祥的爱国主义精神深深地烙在年幼的端木正心里。先生晚年回到北京，仍到这里寻访旧踪，追念民族英雄。

1928年，先生随父移居南京，度过了十年由小学至中学的求学光阴。1937年，先生在南京金陵中学高中毕业。20世纪30年代的中国，正处于国内战祸频仍、日寇图谋吞并华夏的危机中，先生秉承其家族爱国传统，受时代风气感召，痛感现实黑暗，追求进步，在读中学时就参加了中共南京学联组织的一系列革命活动。为此，十六七岁的先生被列入"黑名单"，并于1937年5月被国民党当局逮捕，后被其父保释。

北京府学胡同小学（来源：搜狐网）

端木正先生在南京金陵中学的毕业照

（二）青 年

　　"七七事变"，日寇全面侵华，刚高中毕业的先生赴上海参加大学入学考试。他志向本在清华大学，惜战局动荡，清华设在上海的入学考试未能如期举行，先生只好改考燕京大学等校，同时被数所大学录取。先生选择了燕京大学新闻系。后因战争流亡，借读于武汉大学，转读政治系。时武汉大学师资力量雄厚，先生得以师从法国革命史权威杨人楩、国际法学者王铁崖等先生，并有机会聆听名人名师们的演讲，受益匪浅。

　　1943 年在昆明，先生考上心仪已久的西南联大清华研究院国际法组研究生，师从邵循恪、张奚若、陈序经等教授。清华五年，几确立先生一生之前途。他先为学生、系里半时助教，毕业后复留校任教员。邵、张、陈及其他诸名家的器识、卓见、史识，乃至为人为学的勤勉、宽容，都给予先生在治学与为人方面以深刻影响。1947 年，先生从清华研究院毕业，获法学硕士学位。其硕士论文《中国与中立法》被评为"实为尚有学术价值之作"，如今该论文原件珍藏在清华大学图书馆。

1. 武汉大学

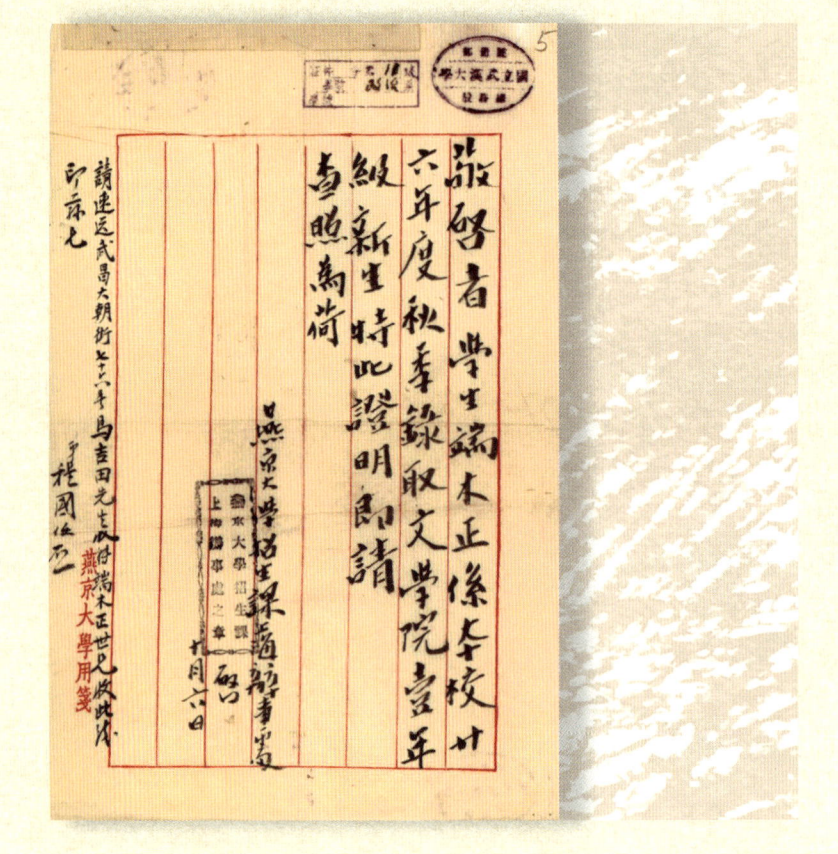

1937 年 10 月 6 日，端木正在燕京大学
文学院的新生证明书

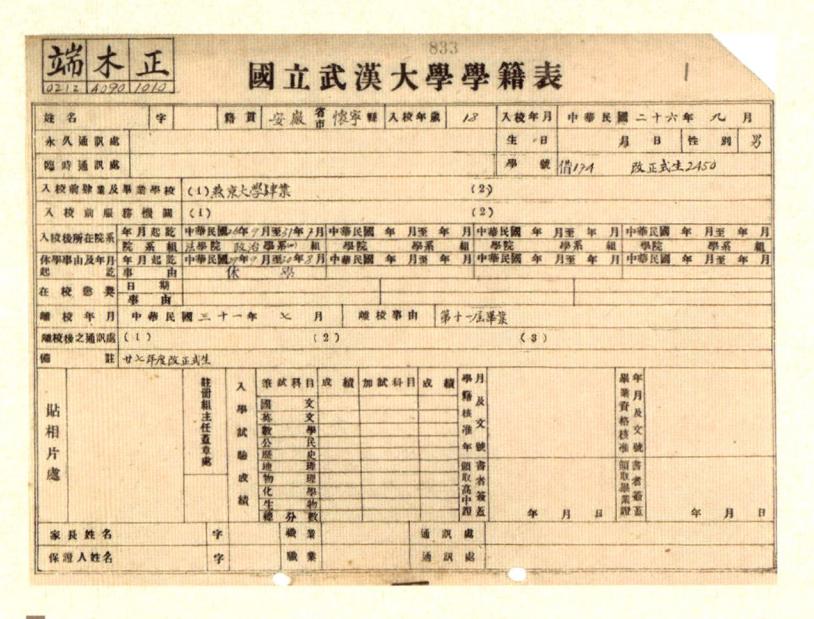

1937 年 9 月，端木正在武汉大学的学籍表

1937 年 9 月，端木正在武汉大学入学
时的学生照

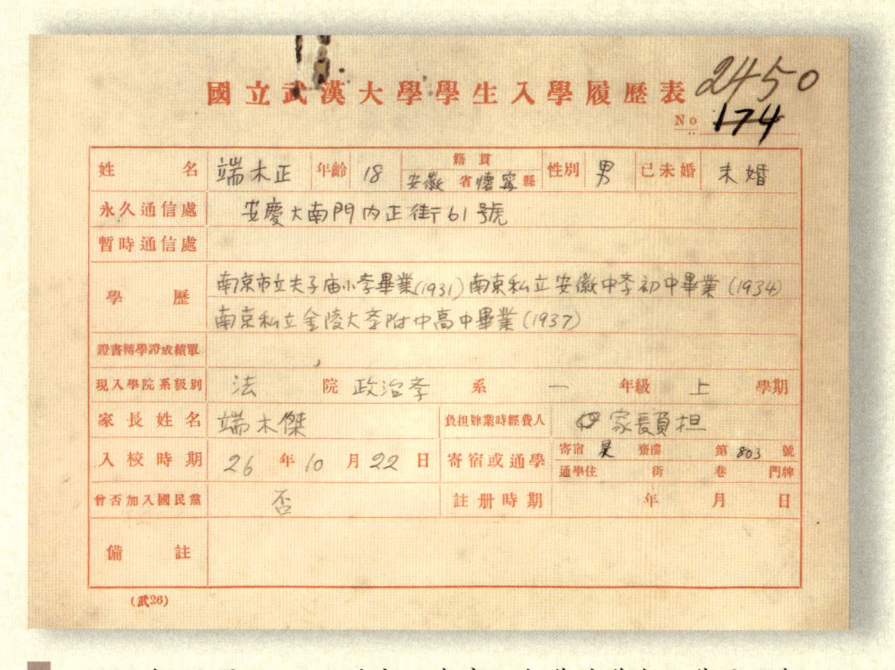

1937 年 10 月 22 日，端木正在武汉大学的学生入学履历表

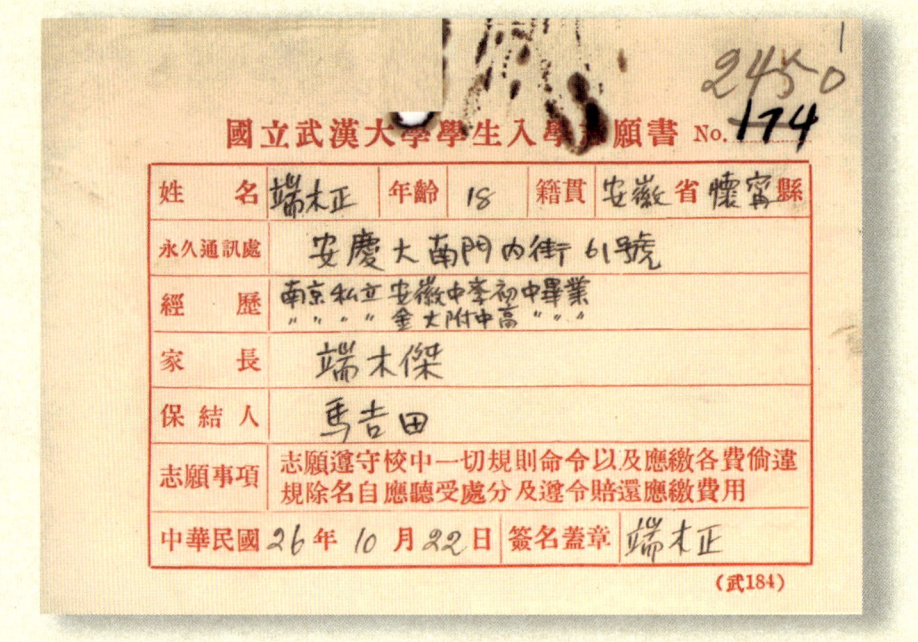

1937 年 10 月 22 日，端木正在武汉大学的学生入学志愿书

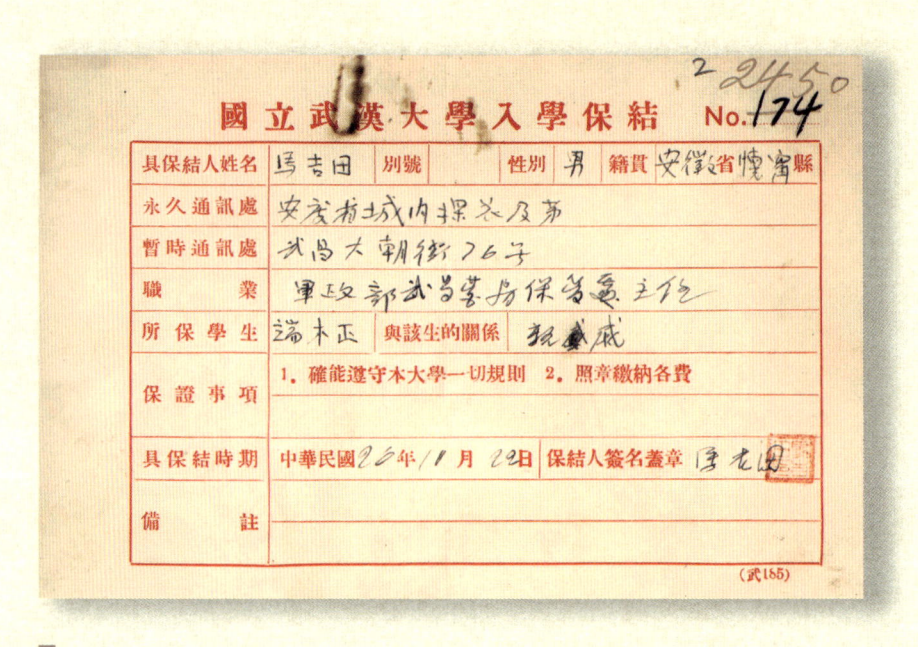

1937 年 10 月 22 日，端木正在武汉大学的学生入学保结

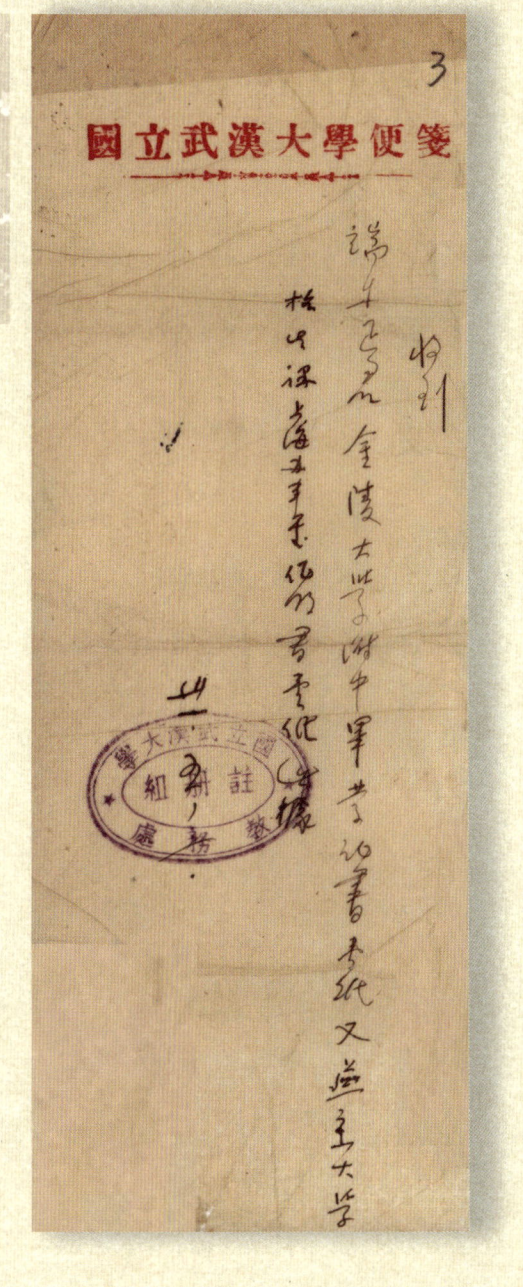

1942 年 5 月，武汉大学收到端木正金陵大学附中毕业证书等的收据

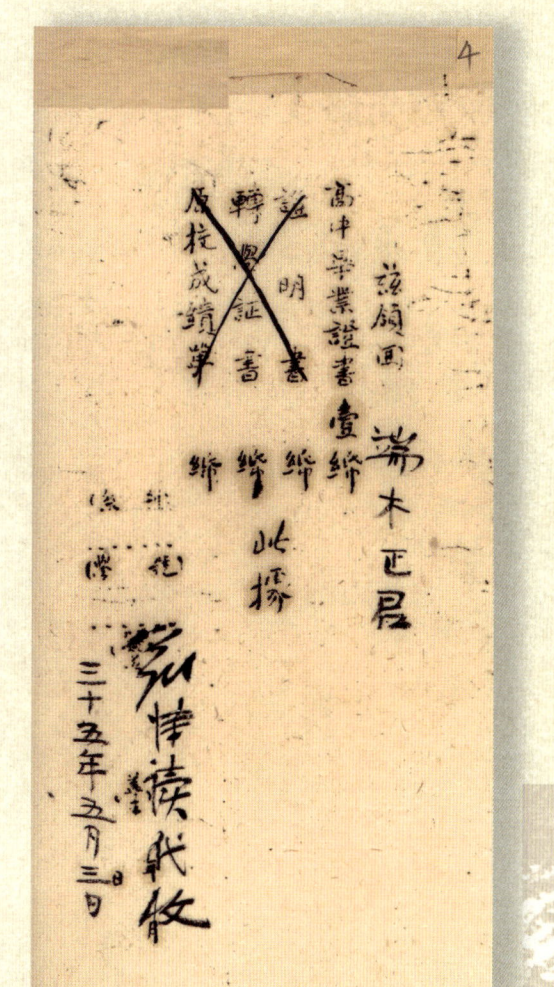

1946 年 5 月 3 日，端木正金陵大学附中毕业证书的代领收据

■ 本小节的档案资料，皆出自武汉大学档案馆。

2. 清华大学

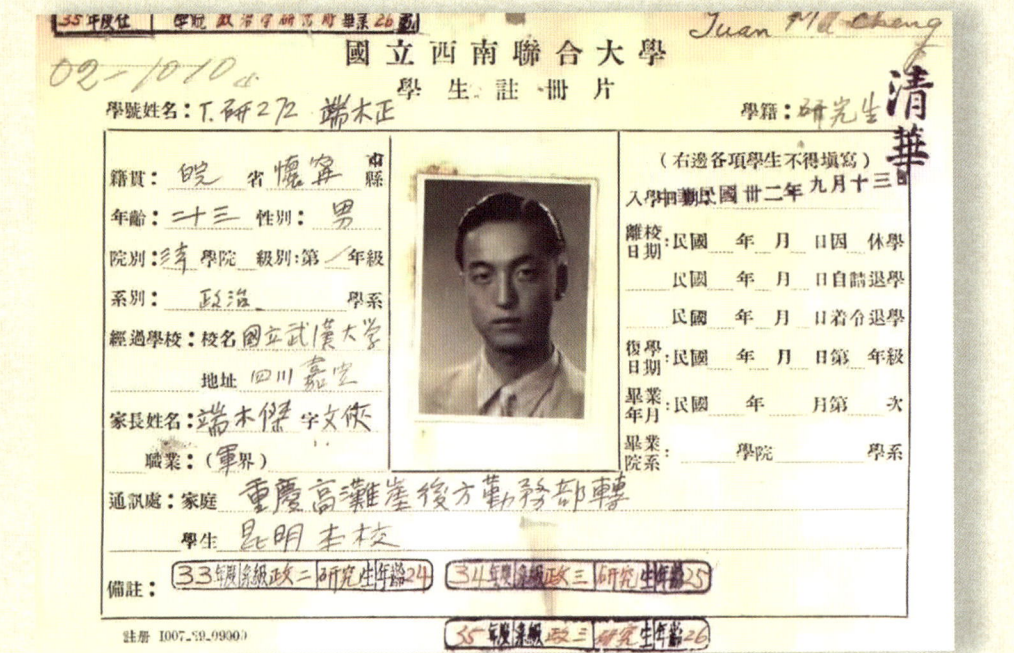

1943 年，端本正在国立西南联合大学入学时的注册片

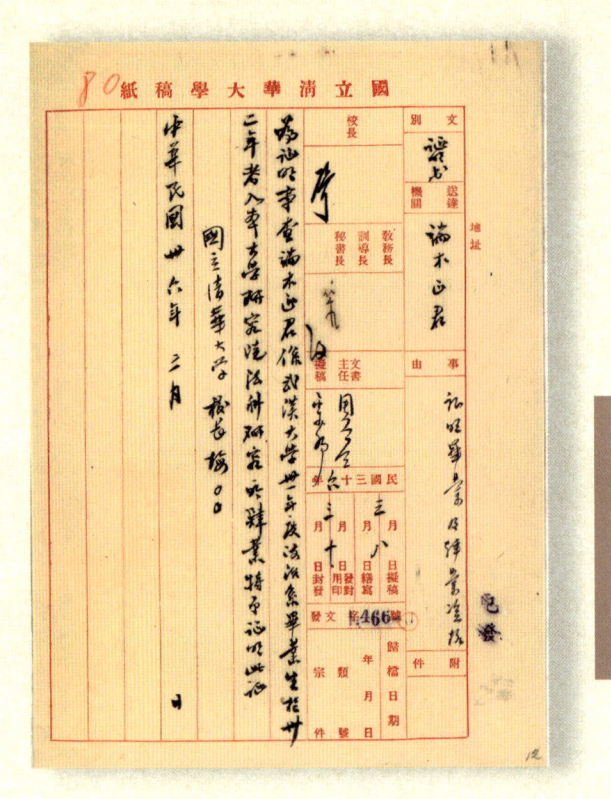

1947 年 3 月 10 日，端木正的清华大学毕业及肄业证明，记载了他 1942 年于武汉大学政治系毕业，1943 年考入清华大学研究院的经历

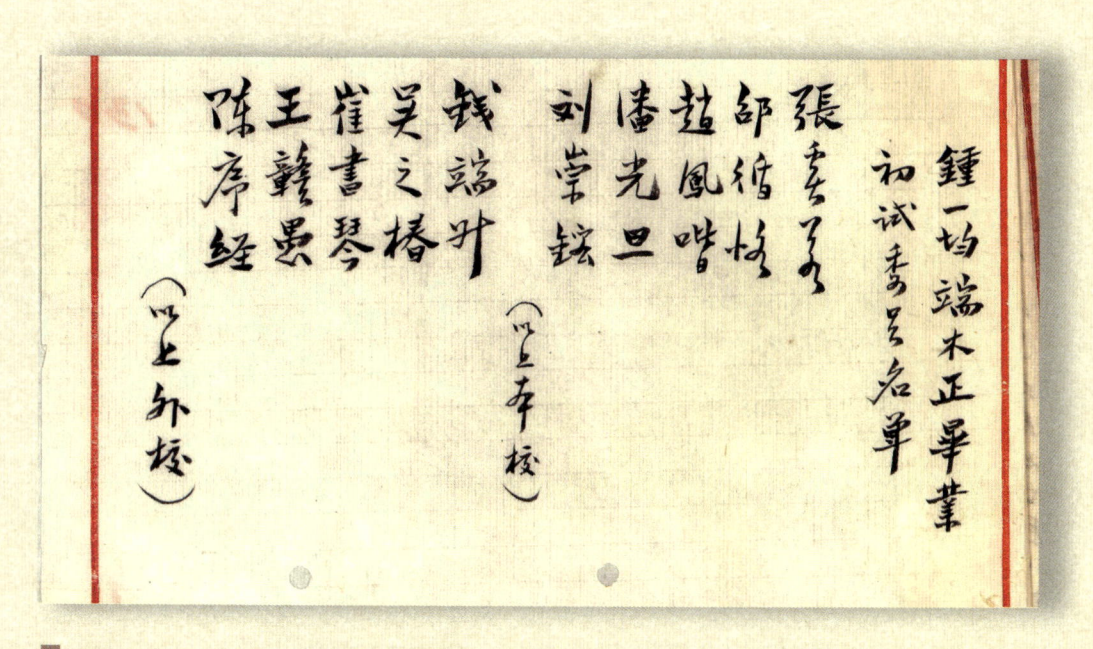

1946 年 4 月，出席钟一均、端木正毕业初试的清华大学考委名单

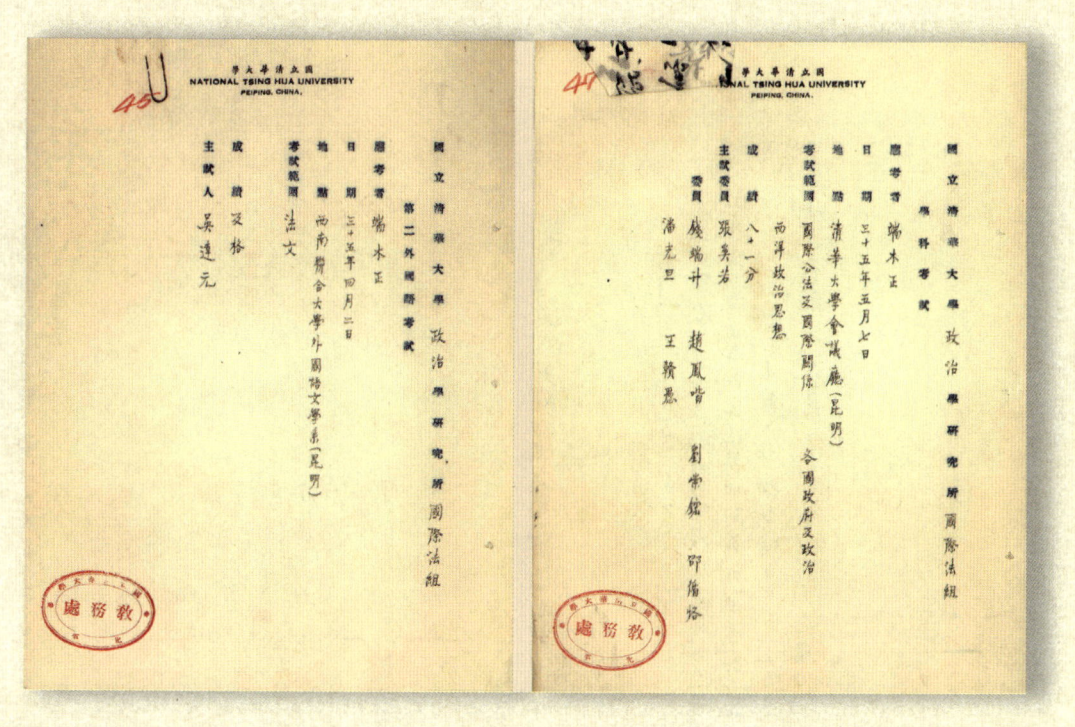

1946 年，端木正在清华大学政治学研究所国际法组的第二外国语考试、学科考试结果

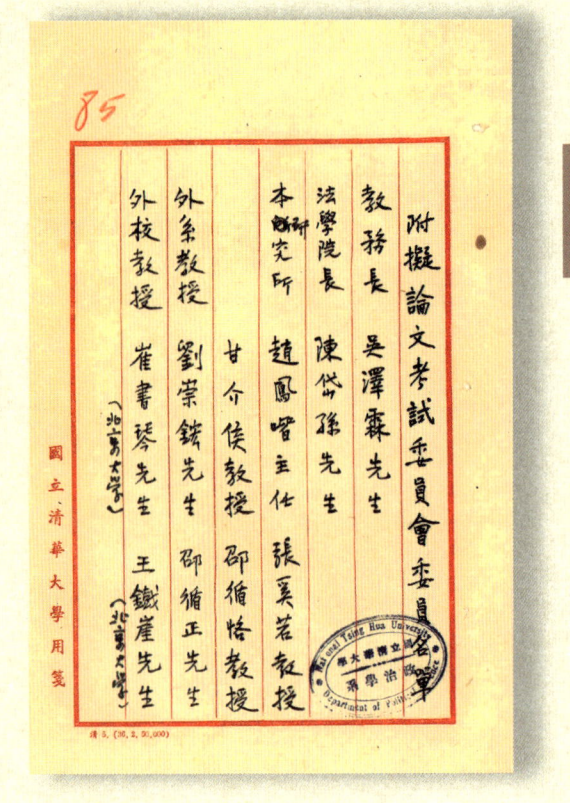

1947 年 6 月 28 日，拟出席端木正毕业论文考试的清华大学论文考试委员会委员名单

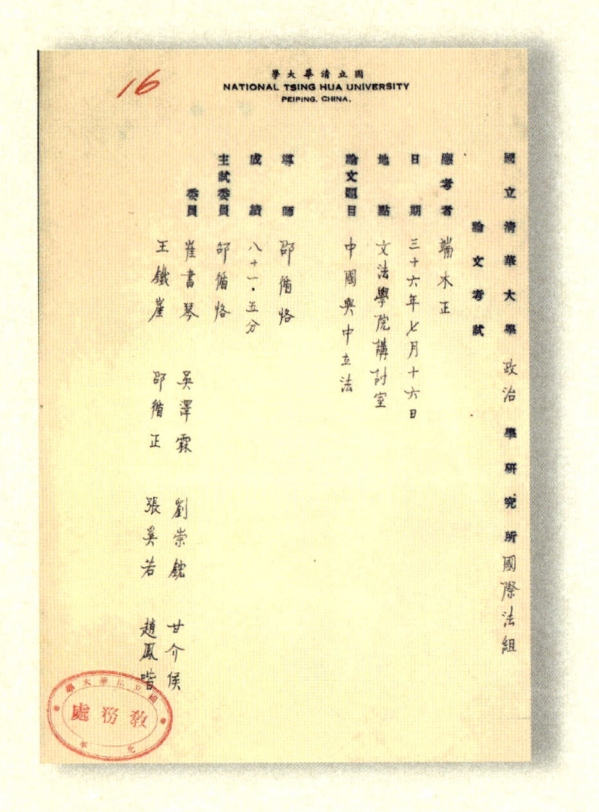

1947 年 7 月 16 日，端木正在清华大学政治学研究所国际法组的论文考试结果

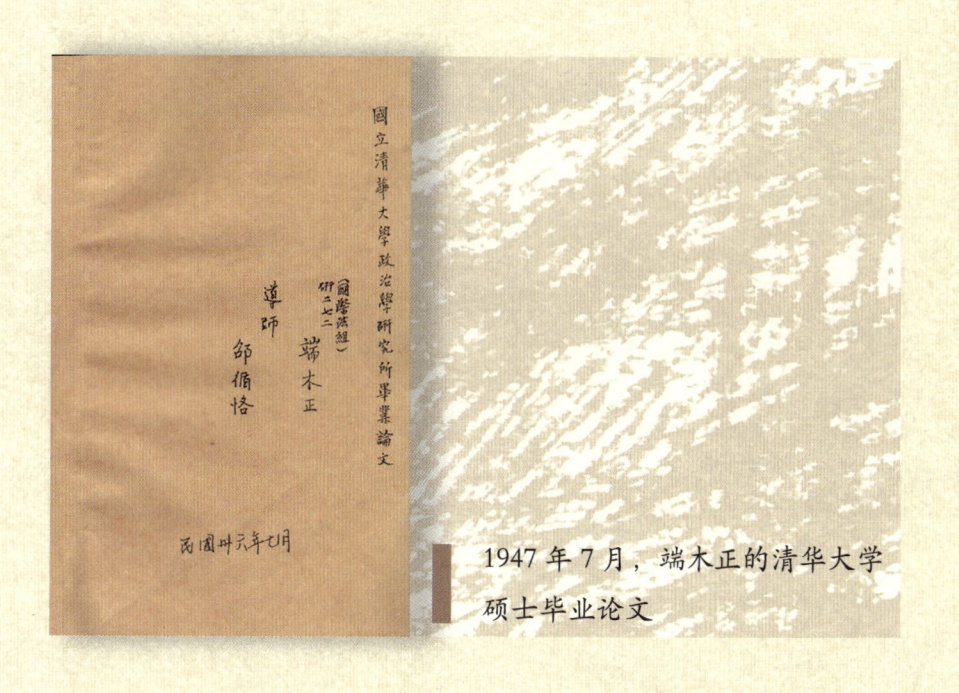

1947 年 7 月，端木正的清华大学
硕士毕业论文

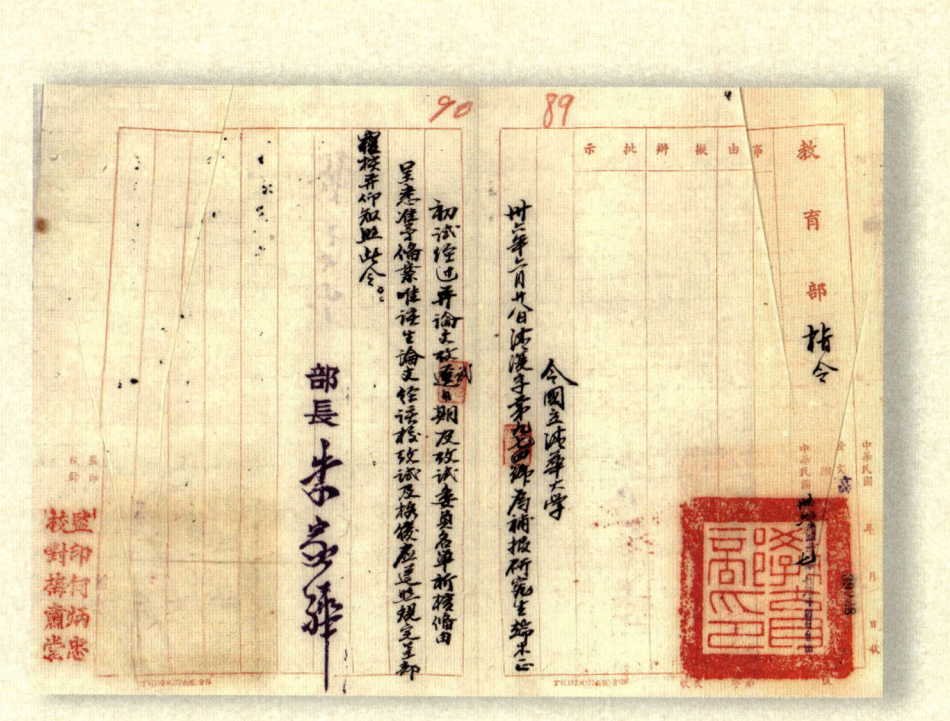

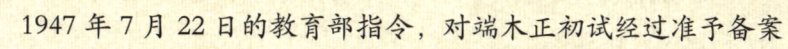
1947 年 7 月 22 日的教育部指令，对端木正初试经过准予备案

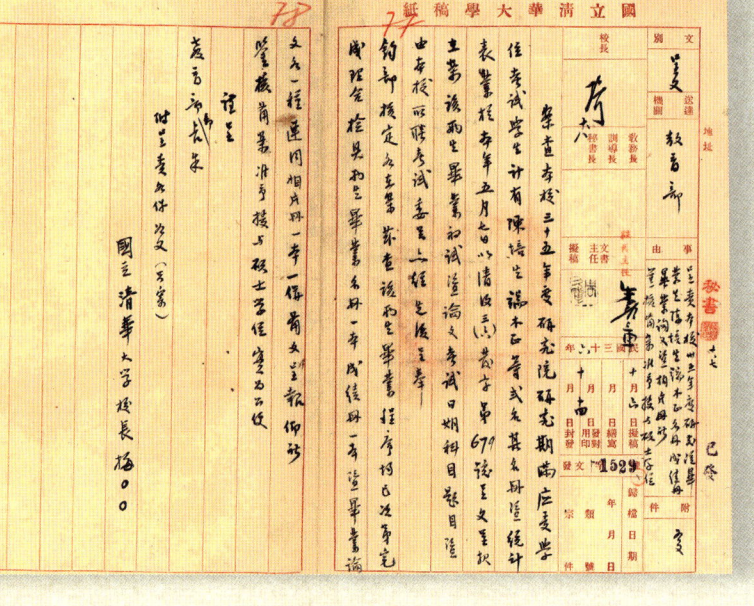

1947 年 10 月 14 日，清华大学呈请教育部对毕业生端木正、陈培生成绩册、毕业论文及相片审核备案并准授予硕士学位的文件

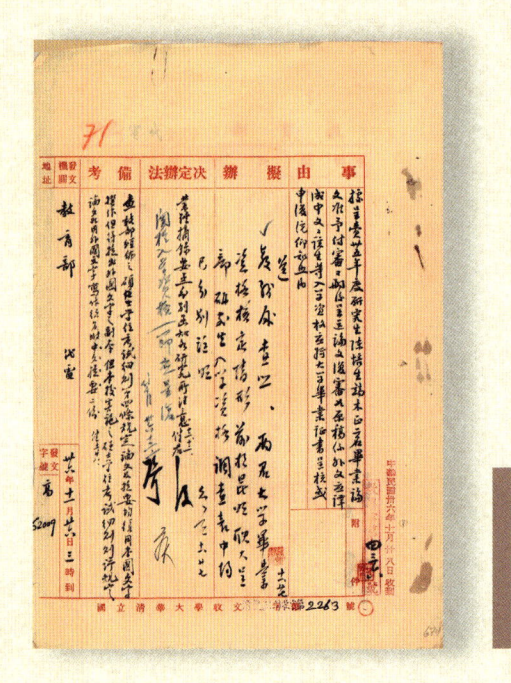

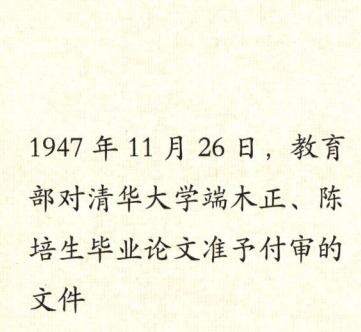

1947 年 11 月 26 日，教育部对清华大学端木正、陈培生毕业论文准予付审的文件

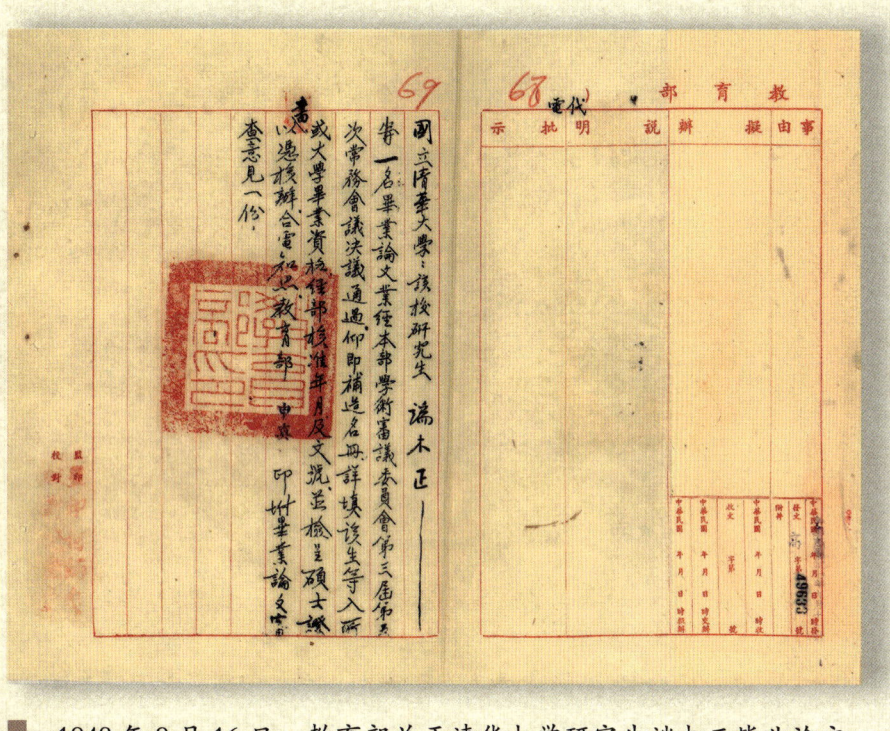

1948年9月16日，教育部关于清华大学研究生端木正毕业论文经学术审议委员会决议通过的文件

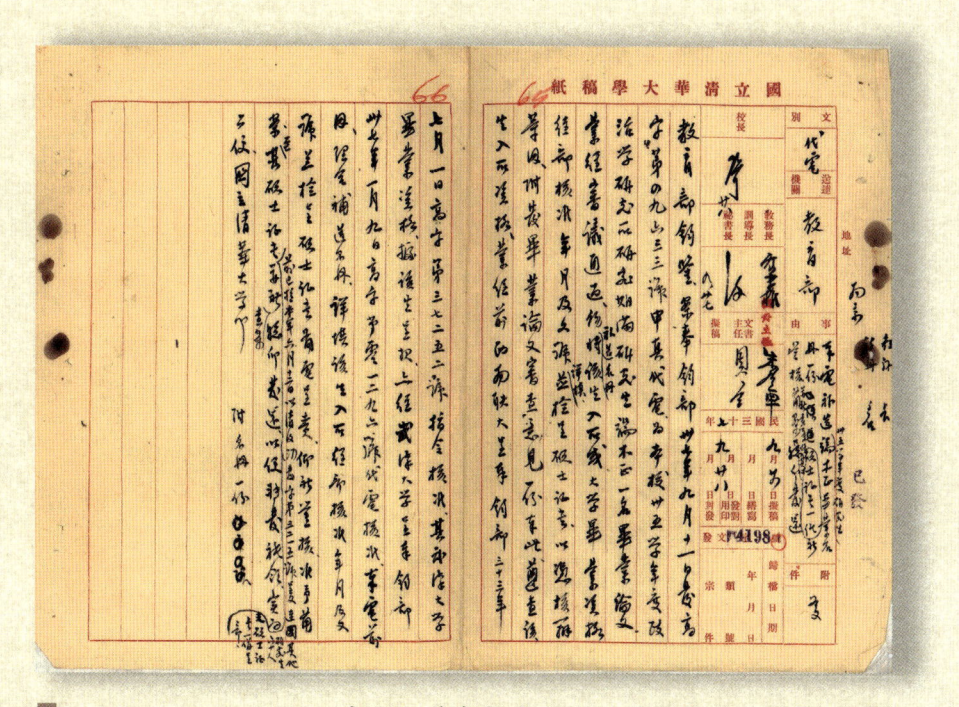

1948年9月28日，清华大学奉教育部令补造端木正毕业名册的文件

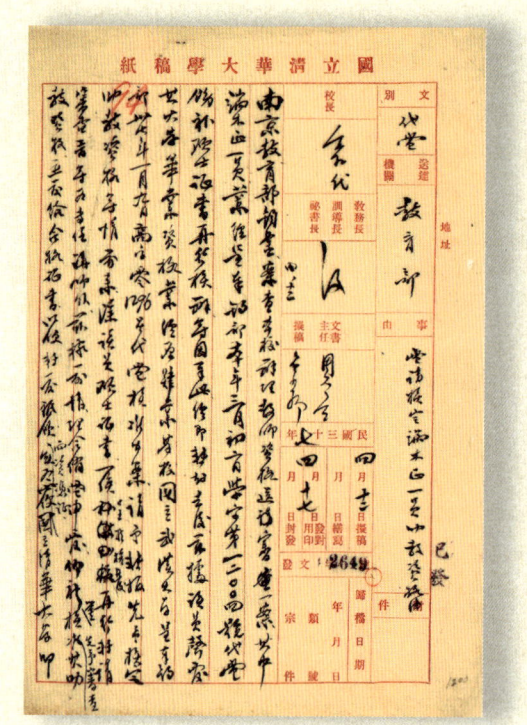
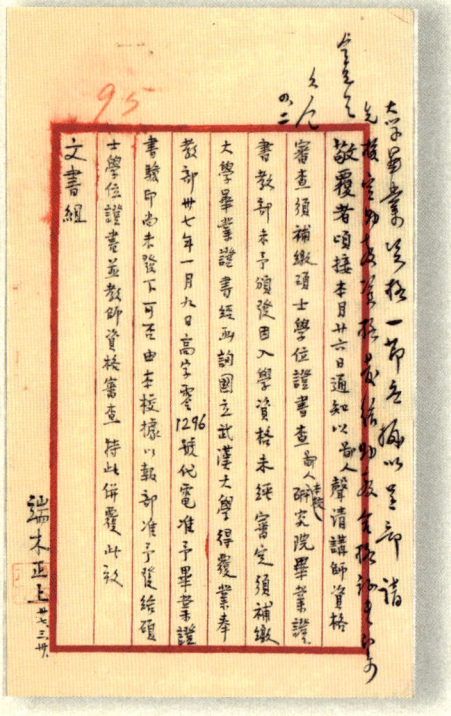

■ 1948年4月17日，清华大学致教育部函，请示核定端木正助教资格的
文件

■ 1947年10月，端木正任国立清华大学教员的资格审查履历表

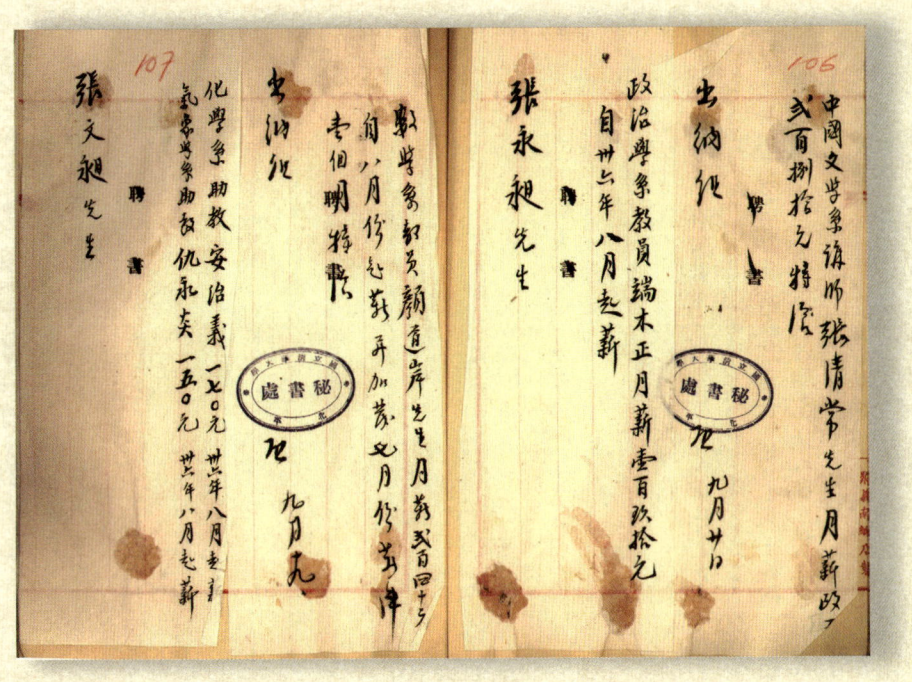

端木正在清华大学任教员时的起薪通知单

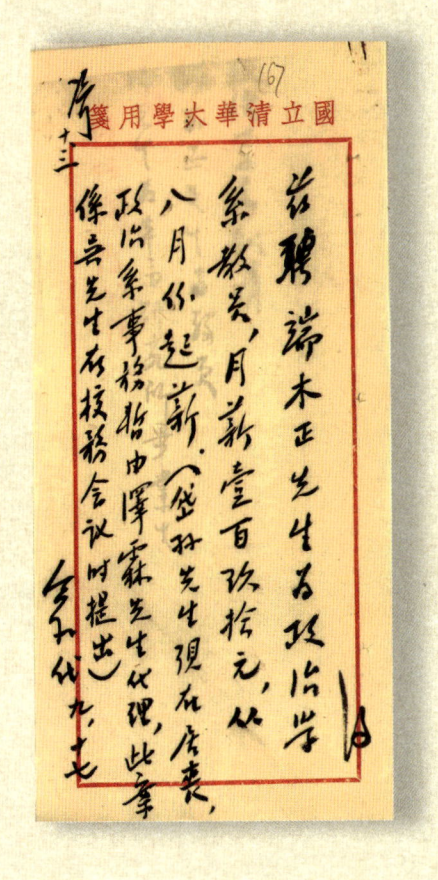

端木正被聘为清华大学
政治学系教员的聘书

1947 年，端木正先生于清华大学图书馆门前的留影

求学之路

44

1947年11月，端木正先生在北京清华大学礼堂前

1948年，端木正先生出国前与友人于清华二校门前留影

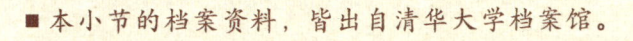

■ 本小节的档案资料，皆出自清华大学档案馆。

3. 母校情结

1983 年，端木正先生（前排右五）在武汉大学广州校友会成立大会上的合影

1997 年 5 月，端木正先生（前排左八）出席第一届武汉大学杰出校友颁奖大会的合影

1997 年 5 月 11 日，端木正先生（左二）出席武汉大学杰出校友颁奖大会

1986 年，昆明西南联合大学教室旧址

1986 年，端木正先生于西
南联合大学旧址前留影

2003 年 11 月 9 日，端木正先生、姜凝女士在清华学堂前

2005 年 7 月 19 日，端木正先生最后一次到清华大学，在图书馆附近留影

求学之路

（三）留　学

　　早在 1946 年夏，端木正先生就考取了法国政府奖学金赴法留学资格。直到硕士毕业后，1948 年 6 月，先生在上海乘海轮"盎特莱蓬"号（paquebot ANDRE LEBON）远渡重洋，前往法国。8 月，在里昂中法大学强化法语学习。10 月赴巴黎大学注册，攻读国际法专业博士学位。

　　当时巴黎国际法学界前辈名公多仍健在，中青俊才崭露头角，学术气氛甚浓，先生由此受益颇多。1950 年 6 月 15 日，先生博士毕业论文《论国籍在国际法院组成和运用上的重要性》在巴黎大学答辩通过，获巴黎大学法学博士学位。1950 年 12 月，先生完成论文《中国海上捕获法》，再获巴黎大学高级国际研究所毕业文凭，旋于 1951 年 5 月返归中国。

㈢教育部留法交換生（共四十名）：一．法國文學（一名）王道乾（昆）。二．語音學（二名）甘世福（蓉），吳其昌（昆）．三．教育（二名）倪邁生（京），蔣信（西）．四．音樂（五名）張昊（滬），馬孝駿（渝），張鴻濤（渝），鄭新庭（滬），洪士銓（渝）．五．繪畫（二名）吳冠中（渝），王熙民（昆）．六．歷史（一名）左景馨（漢）．七．哲學（三名）關肇直（平），顧壽觀（昆），龍果明（昆）．八．數學（四名）吳文俊（滬），田方增（昆），嚴志達（昆），余家榮（渝）．九．物理（二名），曾昭倫（滬），鄭國興（滬）．十．自然地理（一名）王乃樑（昆）．十一．人文地理（一名）葛以德（渝）．十二．礦物（一名）謝甲保（渝）．十三．法律（七名）郎世珩（渝），孫建中（渝），王名揚（渝），徐維鎬（滬），徐開墅（平），端木正（京），陳玉梁（滬）．十四．細菌學（二名）池芝盛（京），謝文彬（昆），十五．土木工程「建築」（二名）何廣乾（滬），陳世楨（滬）．十六．紡織工程（二名）狄寶賢（渝），任德樹（京），

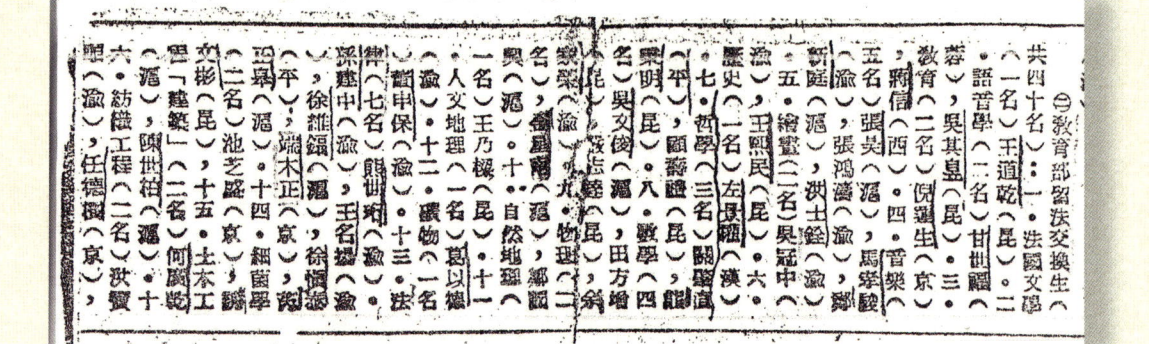

1946 年 10 月 1 日，《中央日报》刊登的留学公派生名单

79

逕啟者本部為使卅五年度公費留學生於出國前明瞭國內文政經動向留學國文政教實況暨指導其就學起見特召集各生來京舉行講習會查公費生端木正原在貴校服務茲該生參加講習期間照高考受訓人例由本部函服務機關准給公假特此函達即希查照惠允為荷

此致

國立清華大學

教育部啟 四月五日

部用箋

1947.2.50000

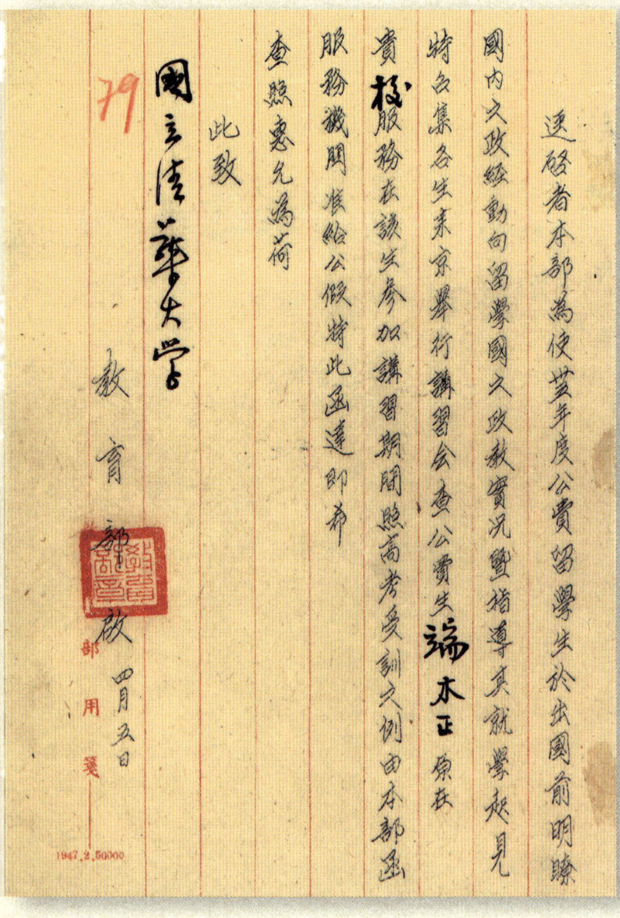

1947 年 5 月 11 日，教育部关于准给端木正公假的函（出自清华大学档案馆）

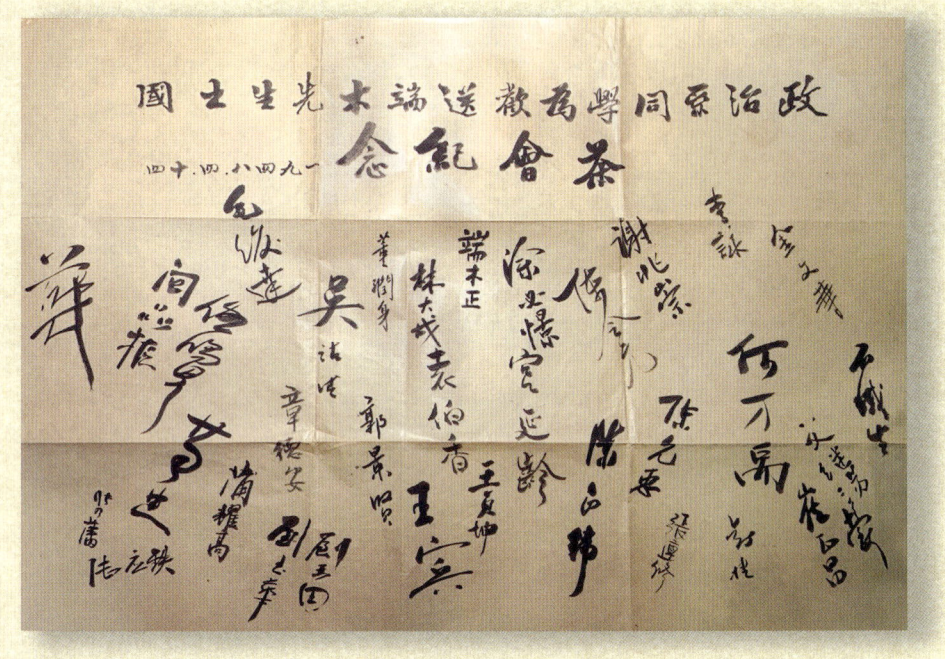

1948 年 4 月 14 日，清华大学政治系同学为欢送端木正先生出国茶
会纪念签名单

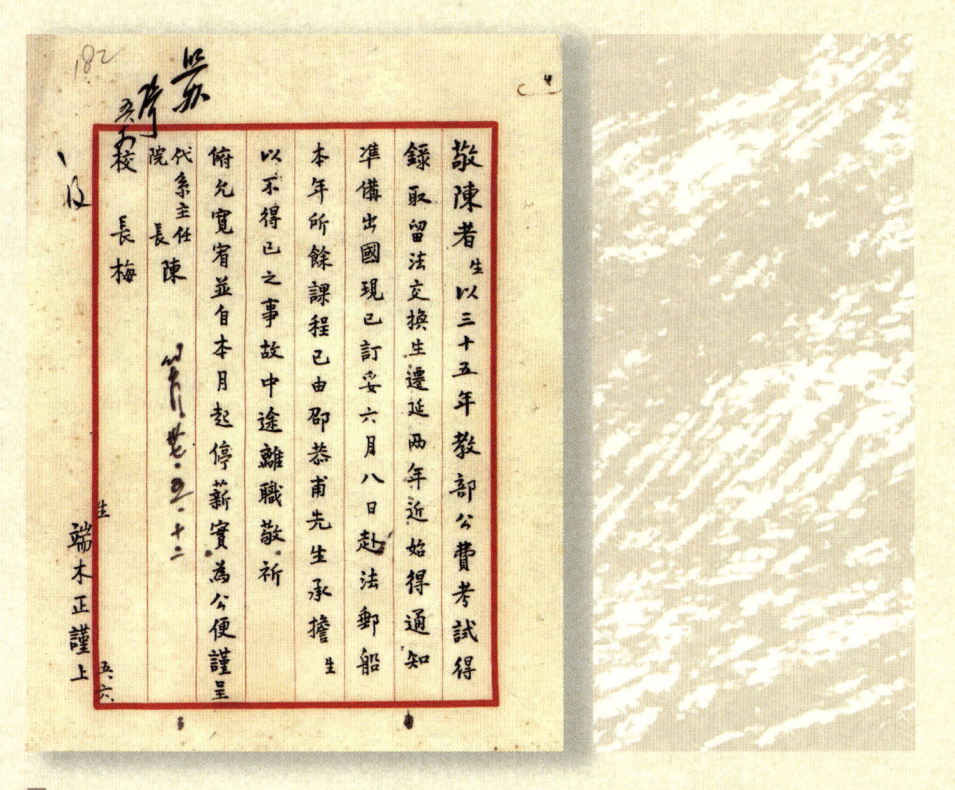

1948 年 5 月 12 日，端木正先生的辞职
报告（出自清华大学档案馆）

1948 年 7 月 18 日，"盎特莱蓬号"法国邮轮的明信片，端木正先生即乘坐此邮轮赴法国留学

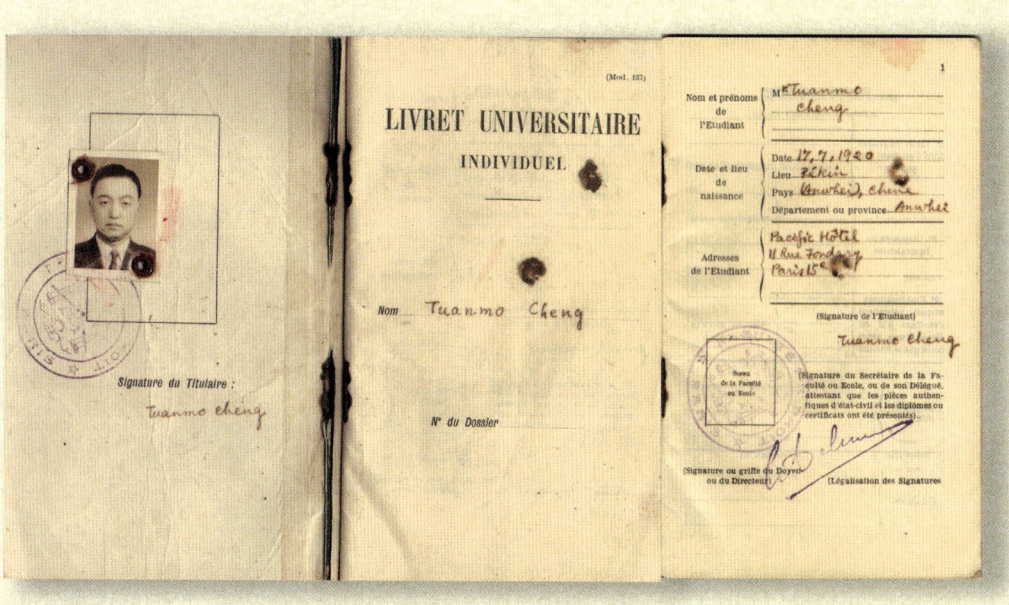

■ 端木正先生留法时的学生登记册

■ 端木正先生的巴黎中国学生会会员证

■ 1948 年，端木正先生的法国巴黎临时居住证

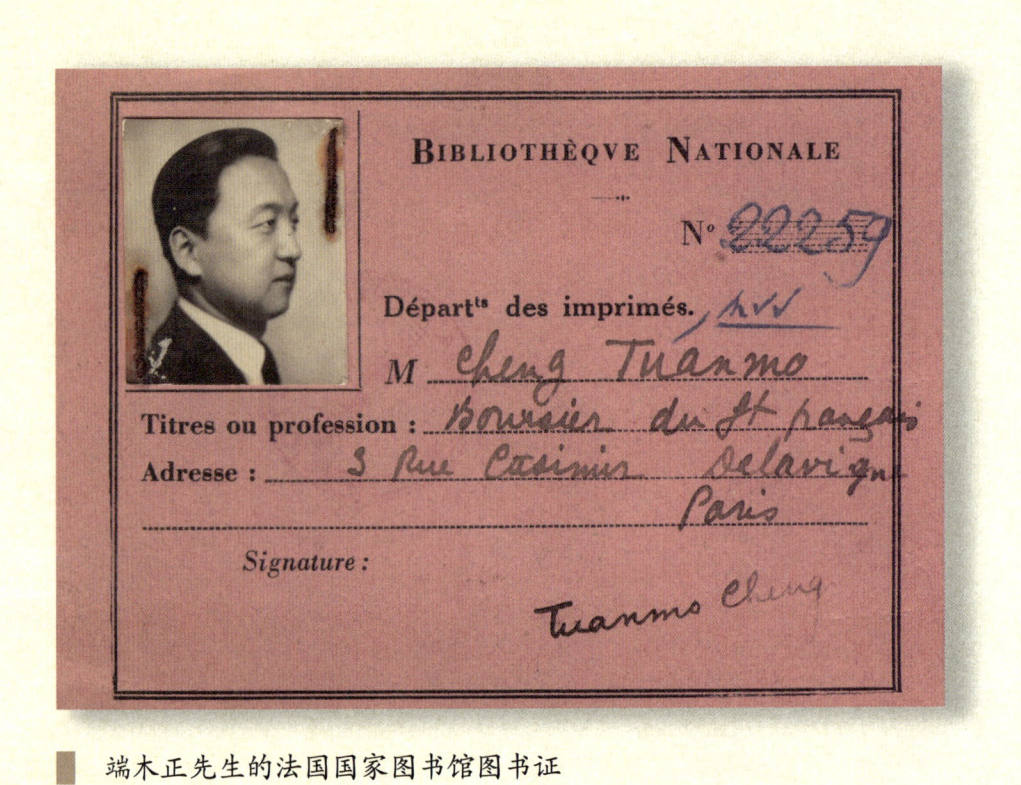

■ 端木正先生的法国国家图书馆图书证

端木正先生的法语联盟校友会会员证

端木正先生的巴黎大学法律系比较法研究所法律术语练习课
1950—1951 学年奖学金证

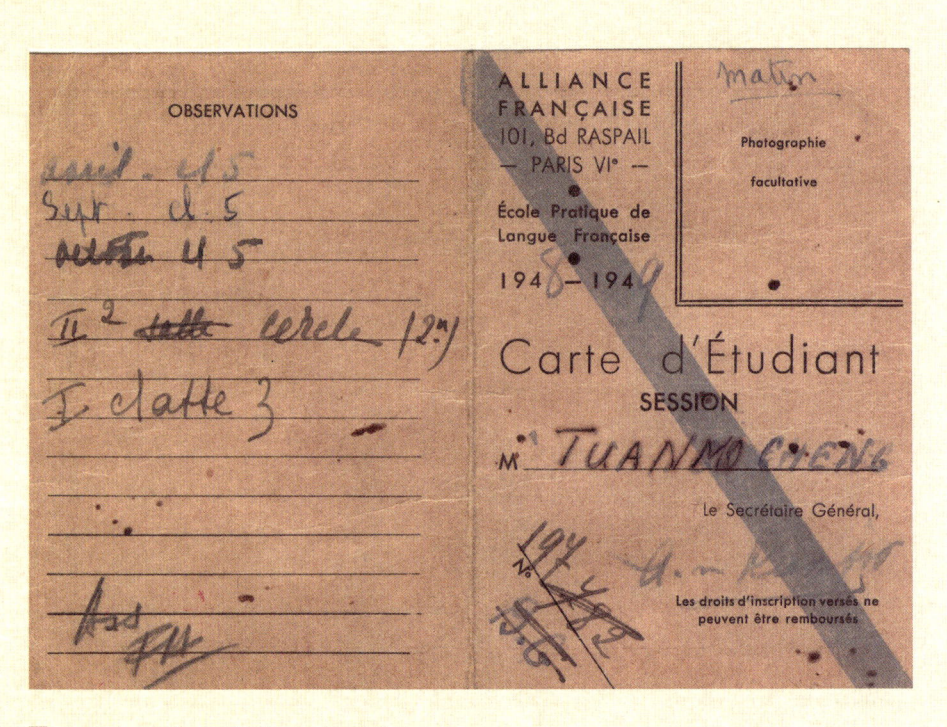

端木正先生的法语联盟学生证

55

求学之路

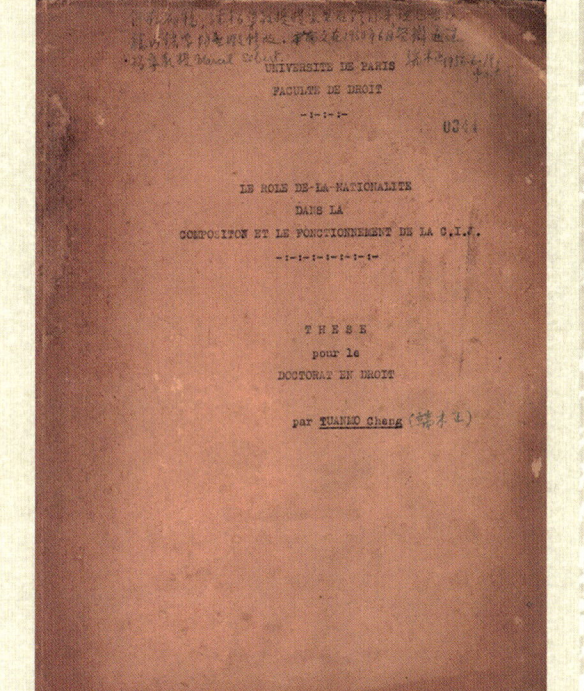

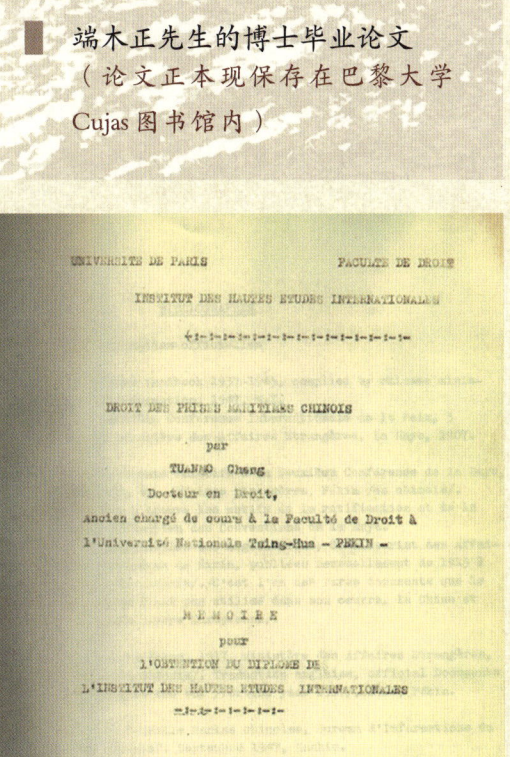
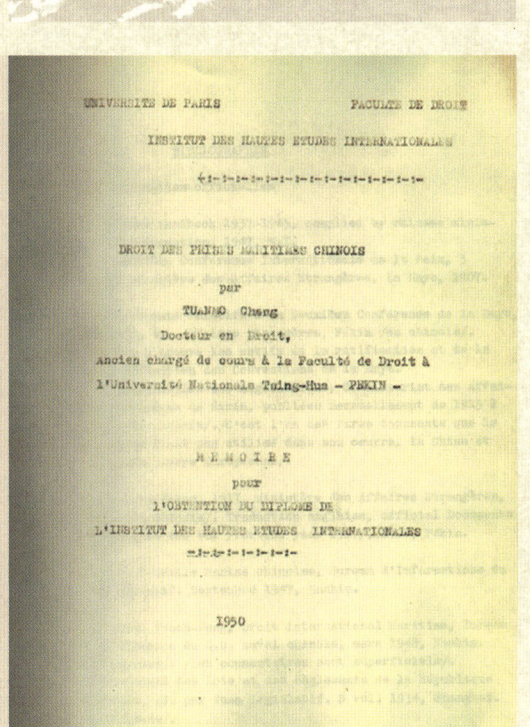
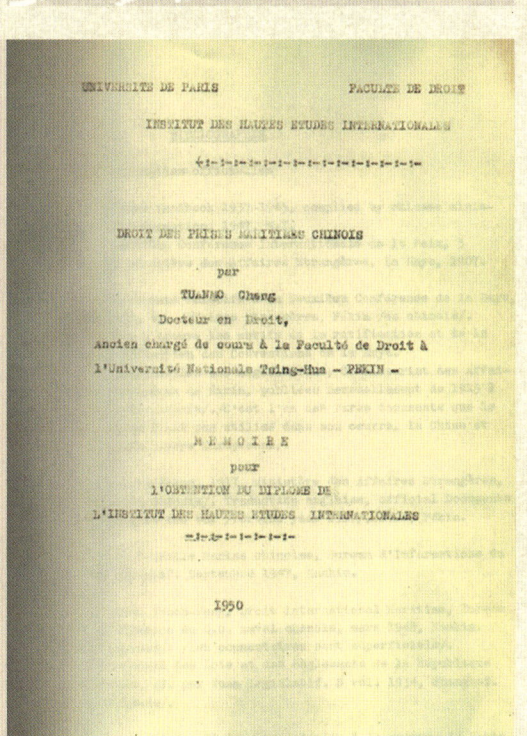

■ 端木正先生的博士毕业论文
（论文正本现保存在巴黎大学
Cujas 图书馆内）

端木正先生（左三）留学法国期间与同学的合影，左四为许渊冲先生

1949 年 7 月 30 日，端木正先生（右二）游荷兰鹿特丹，上船往港口观光

1995 年 6 月，端木正先生
重返母校法国巴黎大学

2001 年 4 月 17 日，端木正先生（前排右三）在北京欧美同学会上与留法同
学聚会合影，前排左三、四是数学家吴文俊先生、夫人

2002年5月17日，端木正先生（前排左三）在北京欧美同学会上与留法同学聚会合影，前排右三是美术家吴冠中先生

1996年7月12日，端木正夫妇在欧美同学会与汪德昭老学长夫妇（右一、右二）的合影（出自中山大学法学院）

2000年9月27日，端木正夫妇（左三、左四）在河北保定留法勤工俭学纪念馆外的合影（出自中山大学法学院）

（四）师 承

从十七岁接受高等教育开始，先生得天独厚，屡得一众中西名师的熏染。杨人楩的严谨、精审，张奚若的独立风骨，陈序经的容人雅量与为人为学的气度，姜立夫重身教的行为世范，陈寅恪严谨的治学精神，乃至法国法学界的国际知名学者夏尔·卢梭教授、苏珊·巴丝蒂教授等名家所共有的平易近人、集严谨与循循善诱于一身的风范，皆造就了先生。最为重要的是，这些惠泽厚远的前贤，绝大部分人终生献身于校园，"春蚕到死丝方尽"。作为承继者，先生无疑光扬着这些文化巨子的灵魂，也以言教身教，揭示着这一传统的精神血脉。

1. 引 路 人

张奚若（1889—1973），著名政治学家。早年追随孙中山，为知名革命志士。1929年在清华大学任政治学系教授。在西南联大时讲授西洋政治思想史等专题课，大受欢迎。晚年端木正对此感铭不已。

钱端升（1900—1990），中国现代政治学的奠基者之一。1930年后任教于清华大学、北京大学等校。新中国成立后，先后任北大法学院院长、北京政法学院院长等职。为中国知名的有风骨的知识分子。

王铁崖（1913—2003），著名国际法学家。1933年入读清华研究院，师从周鲠生教授攻读国际法，后获法学硕士学位。1949年后任北京大学法律系教授。青年端木正入读武汉大学时曾师从王铁崖，以后亦师亦友，友谊维系长达六十余年。

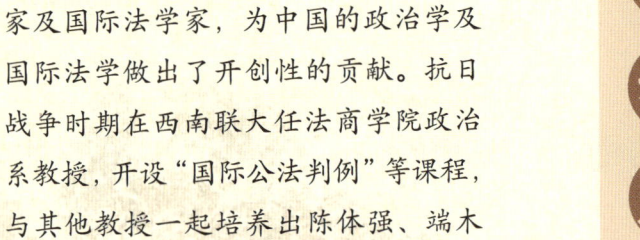

邵循恪（1911—1975），著名政治学家及国际法学家，为中国的政治学及国际法学做出了开创性的贡献。抗日战争时期在西南联大任法商学院政治系教授，开设"国际公法判例"等课程，与其他教授一起培养出陈体强、端木正等著名法学家。

陈序经（1903—1967），著名历史学家、社会学家、教育家。1928年毕业于美国伊利诺斯大学，获博士学位。先后任教于岭南大学、南开大学。在西南联大任法商学院院长，时赏识青年端木正之才。以后师生之情谊延续终生。

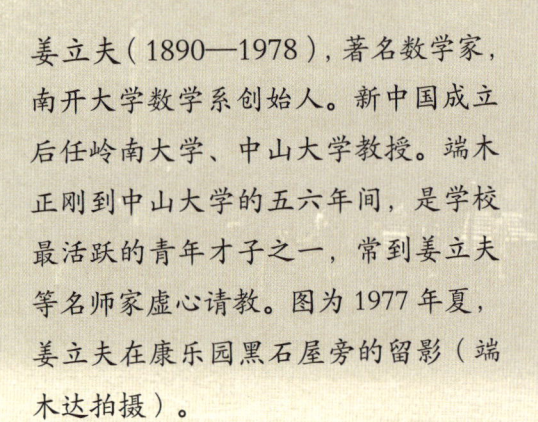

姜立夫（1890—1978），著名数学家，南开大学数学系创始人。新中国成立后任岭南大学、中山大学教授。端木正刚到中山大学的五六年间，是学校最活跃的青年才子之一，常到姜立夫等名师家虚心请教。图为1977年夏，姜立夫在康乐园黑石屋旁的留影（端木达拍摄）。

儒勒·巴德旺（1877—1968），
著名法国法学家，1949—1953 年曾
任国际法院院长；苏珊·巴丝蒂教
授之父。

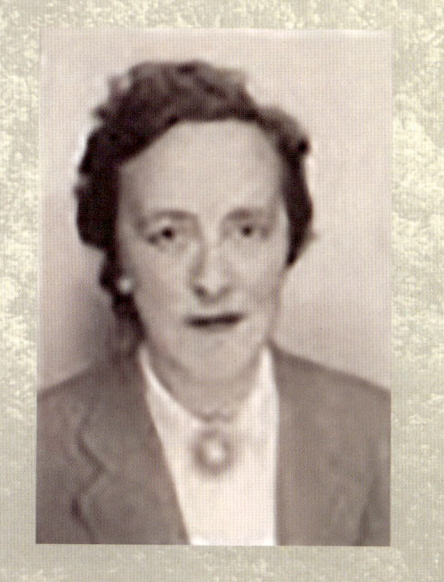

苏珊·巴丝蒂（1906—1995），著
名法国法学家、法兰西院士；端木正
留法时期多门专业课的授课老师。

皮埃尔·勒努万（1873—1974），
著名法国国际关系史教授。端木正
曾上过他的课，后在历史学领域亦
受其影响。

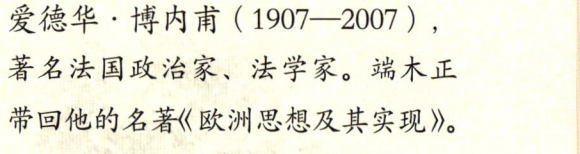

爱德华·博内甫（1907—2007），
著名法国政治家、法学家。端木正
带回他的名著《欧洲思想及其实现》。

吉尔贝特·吉代尔（1886—1958），
海洋法专家，曾任巴黎科学院院长。
端木正带回他的《海战法》等讲义。

夏尔·卢梭（1902—1993），
著名国际法专家，曾任巴黎大学
高级国际研究所所长。端木正曾
撰文悼念卢梭教授，回忆其授课
时的点点滴滴，印象深刻。

求学之路

65

2.端木正博士论文答辩委员会成员

马赛尔·西贝尔（1884—1957），著名国际公法专家、当时任高级国际研究所所长。是端木正的博士论文答辩委员会主席。

马塞尔·普勒罗（1898—1972），著名法学教授，曾任法国第五共和国参议员、宪法委员会成员。

乔治·威德尔（1910—2002），著名法学教授，曾担任德斯坦总统顾问。

四、任职之途

1951 年 5 月，学业圆满完成，先生响应周恩来总理的号召，立刻启程回国。他受陈序经先生之邀，南下岭南大学任教，曾任历史政治学系代理系主任。全国高等学校院系调整后不久，先生到了合并后的中山大学。1953 年，全国高等学校绝大部分的法学专业遭撤销，新建不到一年的中山大学政法学系也被停办。与此同时，中山大学历史学系的"世界史专业"急需扩充师资，先生遂转到历史系。此后 20 多年，先生在史学领域安身立命。

1979 年 10 月，中山大学奉教育部之命复办法律学系。次年，先生在花甲之年受命为首任法律学系主任。从此，这位老留法学生开始了新的传奇历程，在一无人手、二无书籍的情况下白手起家，复办法律学系。广东高等法学专业教育在历劫磨难后重新振兴，先生功不可没。

在 65 岁时，先生被任命为香港特别行政区基本法起草委员会委员；70 岁高龄时被任命为最高人民法院副院长；1993 年，中国恢复设在荷兰海牙的常设仲裁法院的活动，先生成为新中国指派的首批四名仲裁员中最年轻的一位。

1953 年 3 月，先生在中山大学加入中国民主同盟，从 1988 年起至1997 年，历任民盟广东省主委、中央常委。先生也是我国改革开放以后，第一批到中央国家机关担任领导职务的民主党派人士。

（一）岭南大学

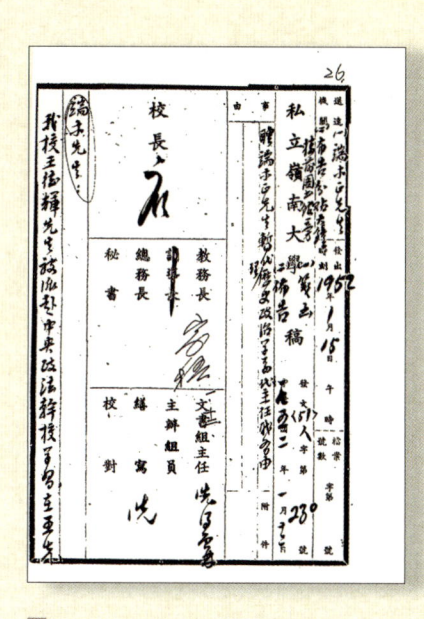 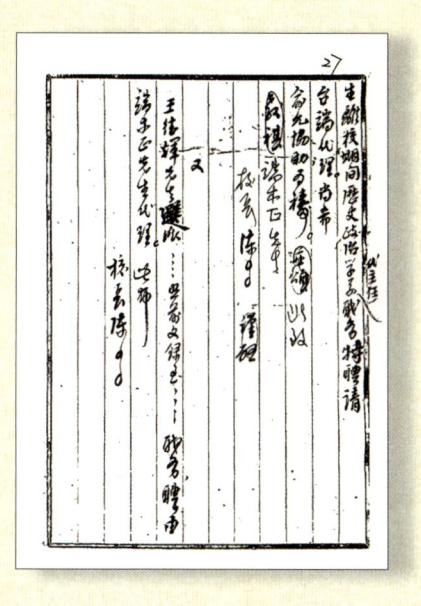

私立岭南大学关于聘端木正暂代历史政治学系代主任的笺函及布告（出自中山大学档案馆）

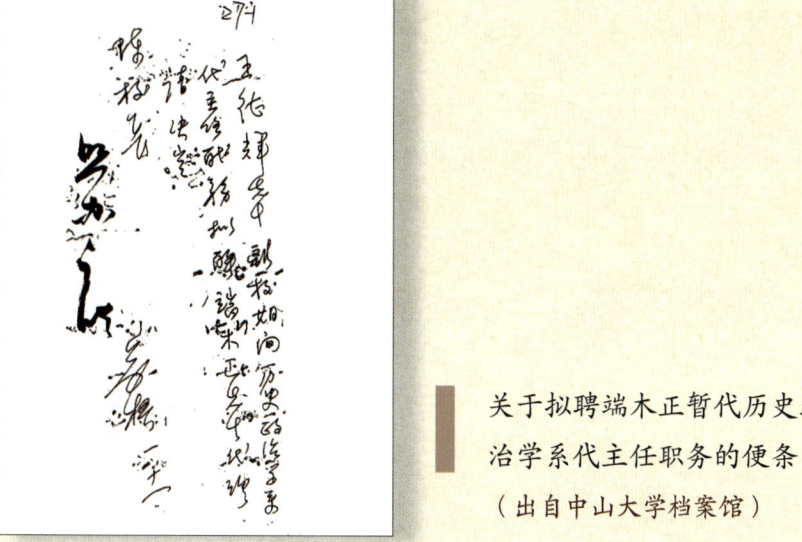

关于拟聘端木正暂代历史政治学系代主任职务的便条
（出自中山大学档案馆）

上世纪50年代初，岭南大学教授及其亲属的合影

（后排左起：姜凝、陈序经、陈序经夫人、端木正、陈耀真夫人、陈耀真）

（二）中山大学

中山大学历史学系 1953 年度毕业班合影
（前排左四起：杨荣国、陈寅恪、端木正、金应熙）

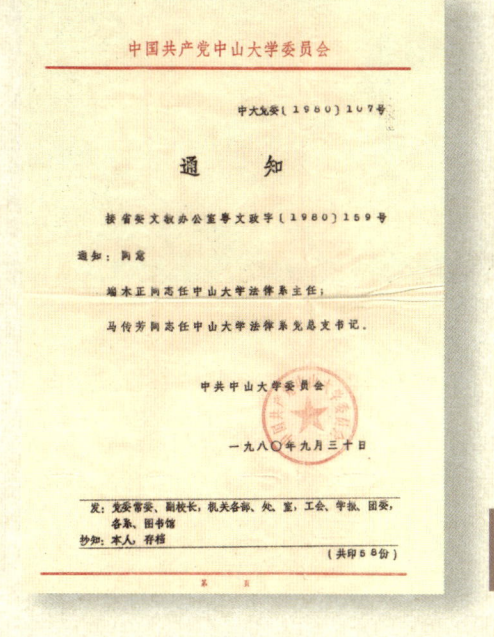

1980 年 9 月 30 日，端木正被任命
为中山大学法律学系主任的通知

1982 年 9 月 19 日，端木正先生（右一）与来校访问的印度律师代表团座谈

1983 年 3 月，中山大学法律系《国际法》教材讲习班的合影，二排左六为端木正先生（出自中山大学法学院）

1983年6月18日，端木正先生应香港见习律师公会邀请作《现阶段中国法制建设》报告

1983年6月，访问香港律师公会时的合影
（中间：端木正，左二：廖瑶珠，右二：陈子均）

1984年5月，端木正先生（左一）在美国西南大学法学院访问
（出自中山大学法学院）

1985年，端木正先生（左三）参加香港商法讲习班时的合影

任职之途

1986年10月16日，端木正先生在广东南方律师事务所开业一周年庆典上发言

1987年7月，端木正先生（前排左五）与中山大学法律学系师生的合影（出自中山大学法学院）

1989年12月，端木正先生（左三）在中山大学校园与法律学系教职工的合影

上世纪90年代，中山大学法律学系论文答辩会后，端木正先生（前排左三）与同事的合影

（出自中山大学法学院）

1990 年 1 月 27 日，端木正先生（右二）参加中山大学法律学系马年春节团拜会

1991 年 6 月，端木正先生（前排中）在中山大学法律学系硕士学位论文答辩会上的合影

1991年12月，端木正先生（前排左二）在论文答辩会后与法律学系师生的合影

1993年4月11日，在北京—香港岭南校友联欢会上与伍沾德先生（左）的合影（出自中山大学法学院）

1994年6月6日，端木正先生与李宝健副校长（左）在中山大学永芳堂接待几内亚最高法院院长拉米内·西迪格（中）

1994年6月6日，端木正先生（前排左三）与几内亚最高法院院长拉米内·西迪格（前排左二）等人在永芳堂前的合影

1996 年 10 月 12 日，端木正夫妇（前排坐者）与中山大学老战士合唱团的合影
（出自中山大学法学院）

2005 年，端木正夫妇（右二、右三）在中山大学法政学科百年庆典大会和与会者的合影
（出自中山大学档案馆）

端木正先生在中山大学法政学科百年庆典大会上发言
（出自中山大学档案馆）

任职之途

2007年7月15日，广东省高级人民法院院长吕伯涛（前排左二）、最高人民法院副院长万鄂湘（前排左三）、姜凝（前排左四）、民盟广东省主委韩大健（前排左五）、政协广东省副主席张展霞（前排左六）等在《端木正自选集》首发仪式上的合影

由众弟子捐赠，雕塑大师梁铭诚制作的端木正教授铜像

2021年，清华大学举办的纪念该校110周年"清华大学人文名家专题展"，端木正校友入选

（三）中国民主同盟

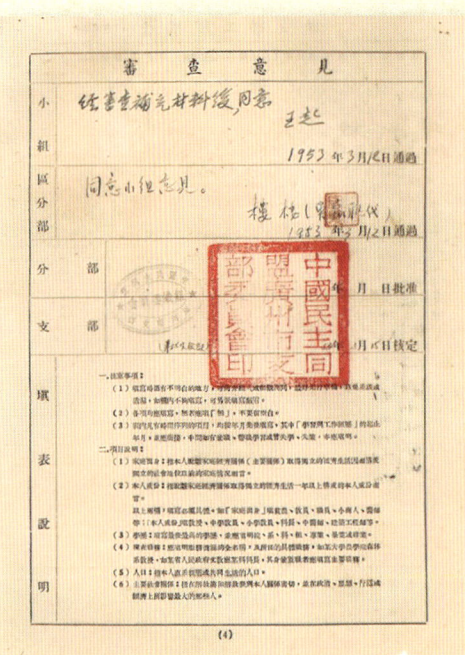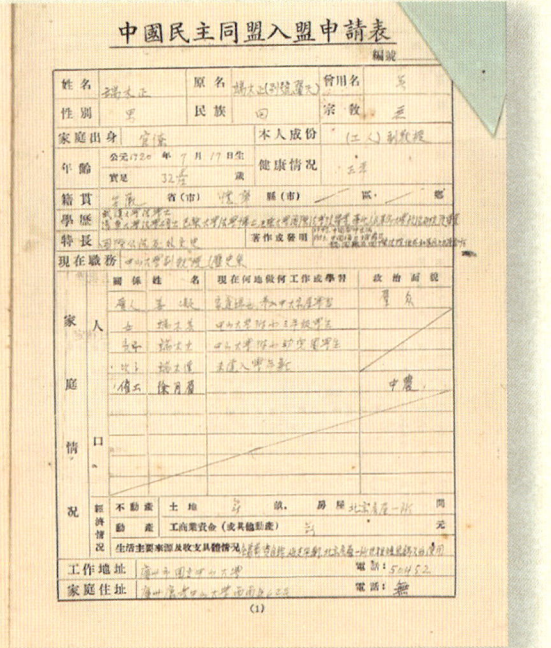

1953 年 3 月，端木正的中国民主同盟入盟申请表（出自广东省民盟）

1955 年 3 月 6 日，端木正的中国民主同盟入盟誓词（出自广东省民盟）

1984年4月16日，关于吴宏聪、潘允中、江静波、端木正、梁兆航、梁绮诚当选为民盟广东省第八届委员会委员的通知（出自中山大学档案馆）

1986 年 5 月 29 日，端木正先生在广州召开的民盟广东省委第八届三次全体（扩大）会议上发言（出自广东省民盟）

1988 年 3 月，端木正先生（前排右二十一）参加中国民主同盟广东省第九次代表大会时的合影（出自广东省民盟）

1988 年，端木正先生（主席台中）参加民盟广东省委三胞联络工作座谈会（出自广东省民盟）

1988 年，端木正先生在民盟广东省委三胞联络工作座谈会上发言
（出自广东省民盟）

任职之途

1989年，端木正先生在民盟广东省委迎春茶话会上发言
（出自广东省民盟）

1994年6月9日，端木正先生（左三）、姜凝女士（左二）到广东省韶关市民盟调研

1996年8月18日，端木正先生（主席台前排左四）出席庆祝民盟广东省委成立50周年大会（出自广东省民盟）

任职之途

1997年5月28日，端木正先生（前排左四）出席中国民主同盟广东省第十一次代表大会

纪念端木正先生专刊（《广东盟讯》2006年第6期）

（四）各级人大

1980年7月，端木正先生（前排左三）出席广州市海珠区第七届人代会第一次会议的合影

1980年8月8日，广州市海珠区人代会代表的合影
（前排右一：端木正；前排右二：戈平；前排左二：黄素莲）

姓　　名　端木正
性　　别　男
年　　龄　62
选举单位　江门市

广东省第六届人民代表大会
秘 书 处

一九八三年 三月

编号 000837

端木正先生的广东省第六届人民代表大会代表证

1988 年 4 月 20 日，端木正先生（右三）出席安徽省安庆市人大报告会

1991 年 5 月 23 日，端木正先生（右二）在海南省陵水黎族自治县英州镇人大调研

1995 年，与广州市海珠区人大常委会历届主任的合影
（前排中：端木正；前排右二：姜凝；后排右一：端木达）

端木正先生的全国人民代表大会代表证

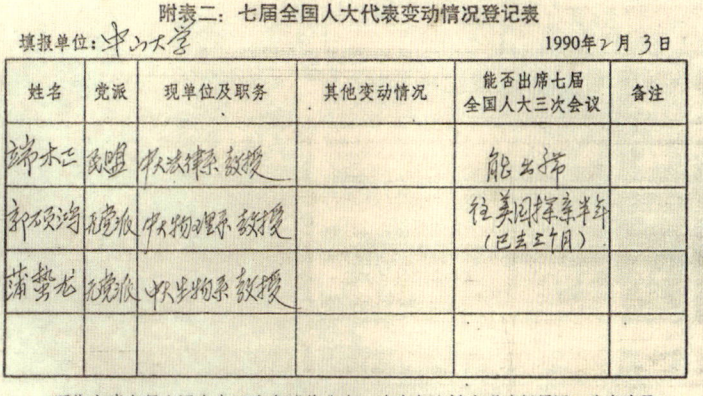

1990年2月3日，《中山大学第七届全国人大和省人大代表变动情况登记表》（出自中山大学档案馆）

1990 年 4 月 3 日，端木正先生在人民大会堂参加七届全国人大三次会议

1991 年 4 月 8 日，端木正先生在全国人民代表大会会议上投票

1992年4月初，七届全国人大五次会议上，端木正与广东代表杨汉光先生（左）、著名粤剧表演艺术家红线女（中）于北京饭店的合影

1993年3月22日上午，端木正先生在人民大会堂接受香港记者的采访

1993 年 3 月 29 日，端木正先生与吴康民先生（右）在人民大会堂的合影

1993 年全国人大会议上，端木正先生与香港代表廖瑶珠女士的合影

1993 年 3 月 31 日，八届全国人大一次会议闭幕式结束，端木正先生（中）走出人民大会堂

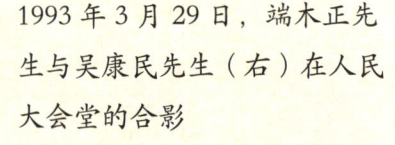

1994 年 3 月 11 日，端木正先生（后排左二）在人民大会堂东门与法院系统的全国人大代表合影

■ 1997年3月10日下午，端木正先生在全国人民代表大会小组发言

■ 端木正先生与王丹凤女士的合影

（五）全国人大香港特别行政区基本法起草委员会政治
体制小组

1985 年 6 月 18 日，端木正先生被任命为中华人民共和国香港特别行政区
基本法起草委员会委员

1986 年 9 月 24 日，端木正（右一）与查良镛（金庸，左一）、项淳一（左
二）、肖蔚云（右二）的合影

（六）最高人民法院

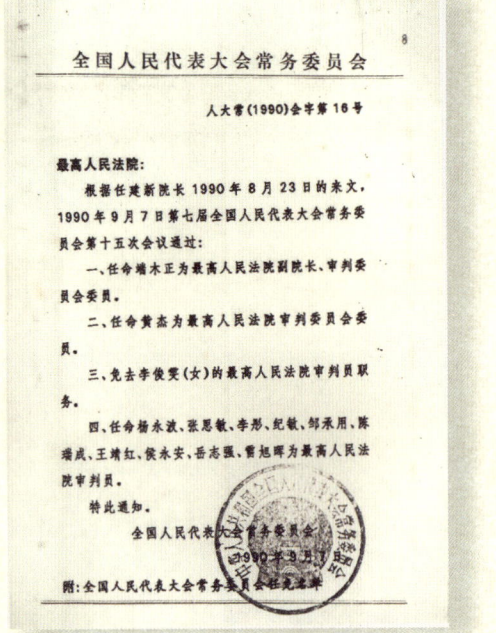

1990 年 7 月 5 日，中组部关于同意提名端木正同志为最高人民法院审判委员会委员人选的通知
（出自最高人民法院）

1990 年 9 月 7 日，全国人大常务委员会任命端木正为最高人民法院副院长、审判委员会委员
（出自中山大学档案馆）

1990 年 10 月，端木正先生任最高人民法院副院长的报道
（《广东盟讯》1990 年第六期）

任职之途

100

1990 年 10 月，端木正先生在北京最高人民法院办公室

1990 年 11 月，端木正先生在最高人民法院办公室

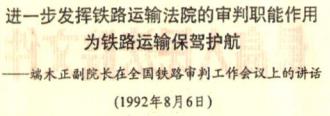

1992年9月2日，最高人民法院关于印发端木正副院长在全国铁路审判工作会议上的讲话的通知（出自最高人民法院）

1993年中秋前夕，端木正先生（右二）代表最高人民法院拜会前院长郑天翔（中）

1993 年中秋前夕，端木正先生（前排右一）代表最高人民法院拜会前
院长江华（前排中）

1994 年 3 月 11 日上午，端木正先生在人民大会堂东门受访

1996年5月24日，端木正先生（前排左三）在四川省成都市参加最高人民法院咨询委员会第六次会议

1998年10月，端木正先生（前排右五）参加最高人民法院咨询委员会第十次会议

1999 年，端木正先生（左二）出席最高人民法院咨询委员会第十一次会议

2002 年 3 月 18 日，端木正先生受访

端木正夫妇（右三、右四）和身边工作人员的合影

（七）各级法院的活动

1985年7月28日，端木正先生与广州市中级人民法院院长丁果（左）在广东省南昆山的合影

1985年7月28日，端木正先生（二排左二）、姜凝女士（二排左一）等人在广东省南昆山的合影

1992 年 5 月 17—19 日，端木正先生（左四）参加金融、证券、投资法律研讨会时，与广东省副省长卢瑞华（左三）等人的合影

1992 年 5 月 19 日，端木正先生参加金融、证券、投资法律研讨会时，与广东省副省长卢瑞华（左）合影

1994年6月10日，端木正先生（右四）参加广东省法院经济审判工作会议

1997年11月，端木正先生（右四）、姜凝女士（右三）与广州市中级人民法院邓国骥院长、毛宇娥副院长等人在市中级人民法院的合影

2004年8月19日，端木正先生（前排中）、姜凝女士（前排右）与广东省高级人民法院吕伯涛院长（前排左）等在广州的合影

任职之途

1991 年 1 月 16 日，端木正先生（右二）在广东省东莞市虎门镇人民法庭调研

1991 年 6 月 12 日，端木正先生（前排左四）在福建省厦门海事法院调研

1991年6月15日，端木正先生（中）在福建省泉州市鲤城区人民法院调研

1991年8月1日，端木正先生在山东省青岛铁路运输法院题字"清正廉洁　严肃执法"

任职之途

1992 年 5 月 15 日，端木正先生（前排中）与最高人民法院马原副院长（前排右二）等人的合影

1992 年 8 月 19 日，端木正先生在内蒙古自治区呼和浩特市三级法院干警大会上作报告

1992年12月5日，端木正先生（前排右四）、姜凝女士（前排右五）在广东省新会市杜阮人民法庭调研

1993年1月13日，端木正先生（左三）在广东省南海市盐步法庭调研

1993 年 4 月 30 日，端木正先生（左四）、姜凝女士（左五）在江苏省南京市中级人民法院调研

1993 年 11 月 19 日，端木正先生（前排左三）、姜凝女士（前排左四）在四川省新都市中级人民法院与省高级人民法院及市中级人民法院部分领导同志的合影

1994年6月4日，端木正先生（二排右三）在广东省湛江市郊区东海人民法庭调研

1994年9月8日，端木正先生为甘肃省敦煌市人民法院题字"秉公执法 不断提高审判水平"，并手写明信片

1995 年，端木正先生在山西运城接见运城市中级人民法院全体法官

1995 年 5 月，端木正先生（左二）在山西太原调研

1995 年 5 月 23 日，端木正先生（右二）在海南省陵水黎族自治县人民法院调研

1996 年 12 月，端木正先生（前排右四）、姜凝女士（前排右五）在山西省洪洞县人民法院调研

1996 年 12 月 13 日，端木正先生在山西接受记者采访

端木正先生（前排左四）在山西省太原市南郊区晋祠人民法庭调研

■ 端木正先生在北京市法官培训中心的留影

■ 1991年12月，端木正先生（二排左八）参加海事审判专题研讨会

1992 年 8 月，端木正先生（前排左十七）参加全国交通法制工作会议

■ 1996 年 4 月，端木正先生（前排右五）参加第一次全国法院执行工作会议

■ 1996 年 7 月，端木正先生（前排右五）参加全国法院审判方式改革工作会议

（八）外事活动

1992 年 4 月 30 日下午，端木正先生与来访的法国律师萨戈（Sago）先生的合影

1992 年 8 月 14 日，端木正先生（前排右三）访问蒙古时的合影

1992 年 9 月 10 日，端木正先生在尼日利亚阿布贾举行的第六届国际上诉法院法官会议上宣读论文

1993 年 10 月 13 日，端木正先生（左三）与保加利亚客人在广东省珠海市的合影
（出自中山大学法学院）

1993 年 10 月 25 日，端木正先生（后排右一）与各国代表团，在菲律宾总统府受到拉莫斯总统夫妇、世界法律大会主席弗兰克林夫妇的热情接待

五、学术成就

端木正先生是我国著名的法学家和历史学家，在国际法学和历史学等方面造诣深厚。他是中国首位翻译著名法国史学家索布尔《法国革命（1789—1799）》的学者，该书和他于20世纪70年代后期所翻译勒费弗尔的《拿破仑时代》，都在我国法国史研究中有着重大的影响。他主编的《法国大革命史辞典》一书是中国首部法国史工具书。先生对国际史学界巴贝夫的研究深度和资料的掌握，迄今尚无人能出其右。从20世纪70年代后期起，他在广州、北京、河南、东北等地举办一系列法国史专题报告会，引起国内外世界史同行的高度关注和好评。在1979年重返法学界之前，先生已经奠定了他在中国历史学界的地位。1978年他与几位留法前辈共同创办了中国法国史研究会，并任第一届副会长兼秘书长。归队法学界之后，他仍任该研究会名誉会长，直至去世。

先生是中国国际法学界的老前辈。他注重基础理论和学术积累，注重理论联系实际，学风扎实严谨。20世纪80年代末，先生主编的《国际法》（北京大学出版社1989年版）在中国法学界甚有口碑，引用率很高，一版再版，至今仍是法学畅销书，对中国国际法的教学与研究产生重要影响。他在1998年《中国国际法年刊》发表的《中国第一个国际法学术团体——"公法学会"》，广受国际法学界赞誉。自1983年以来，他先后应邀赴法、荷、美、瑞士、意、德、泰、西班牙、尼日利亚、蒙古、土耳其、菲律宾等国家和香港地区讲学、访问或参加国际学术会议，在国际上享有盛誉。

（一）论著书影

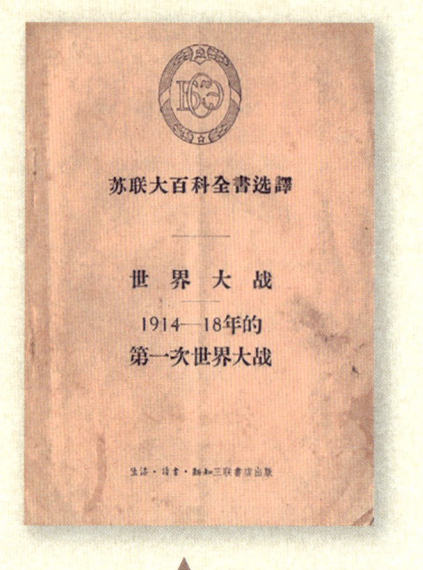

苏联大百科全书选译，《世界大战·1914—18年的第一次世界大战》，生活·读书·新知三联书店1956年版

中山大学历史系世界史教研室译，《世界近代史参考资料选集》，1964年版

索布尔著、端木正译，《法国革命（1789—1799）》，生活·读书·新知三联书店1965年版

中山大学历史系《世界简史》编写组编，《世界简史》，广东人民出版社1974年版

［法］乔治·勒费弗尔著、端木正译，《拿破仑时代》（上、下卷），商务印书馆1978年版

中国法国史研究会主编，《法国史论文集》，生活·读书·新知三联书店1984年版

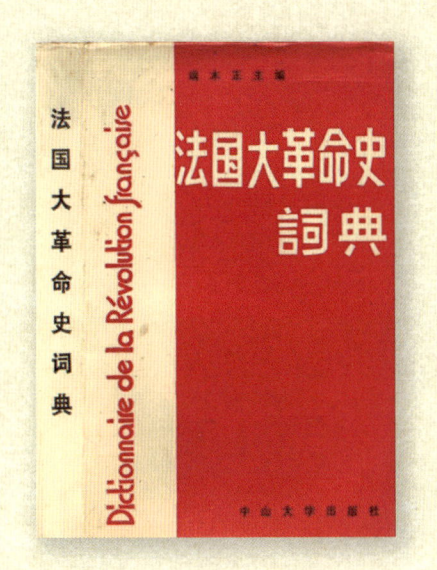

端木正主编，《法国大革命史词典》，中山大学出版社1989年版

端木正著，《法国史研究文选》，中山大学出版社，1994 年版

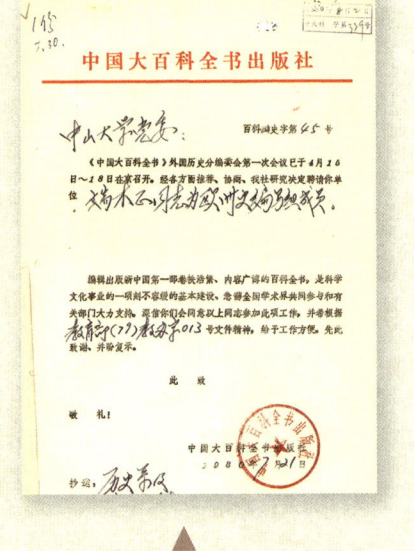

1980 年 7 月 21 日，中国大百科全书出版社关于聘请端木正为《中国大百科全书》欧洲史编写组成员的函
（出自中山大学档案馆）

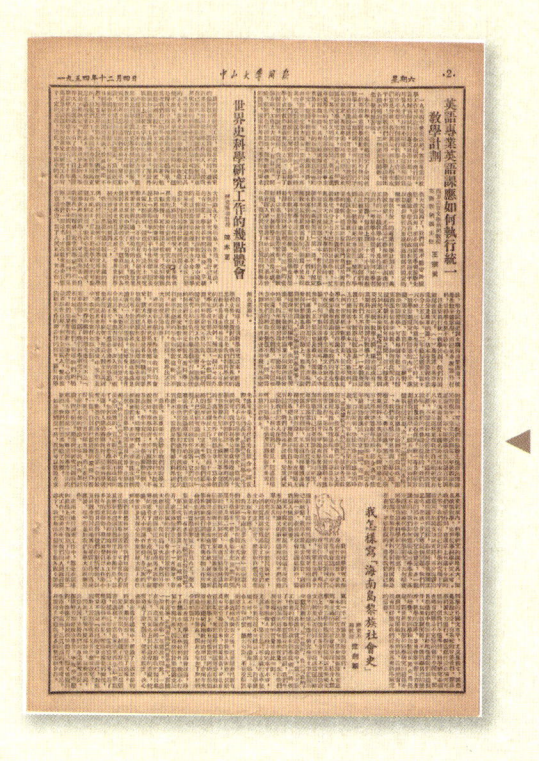

1954 年 12 月 4 日，端木正先生在《中山大学周报》上发表《世界史科学研究工作的几点体会》

学术成就

128

◀ 端木正主编,《广东经济特区涉外经济法研究》,中国政法大学出版社1991年版

端木正、王殿国、汤树梅主编,《最新涉外经济贸易法律实务全书》,新华出版社1995年版 ▶

端木正主编，《国际法》，北京大学出版社，2000年版

端木正主编，《国际法》（第二版），北京大学出版社，1997年版

端木正主编，《国际法自学考试题解》，中国政法大学出版社1999年版

端木正、王献枢、陈致中编著，《国际法自学考试指导与题解》，北京大学出版社1999年版

学术成就

130

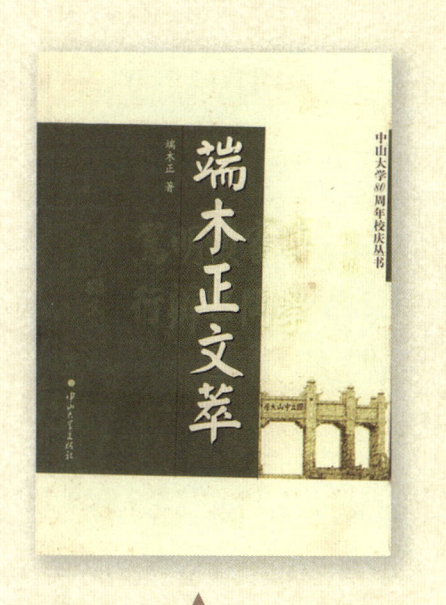

端木正著，《端木正文萃》，
中山大学出版社 2004 年版

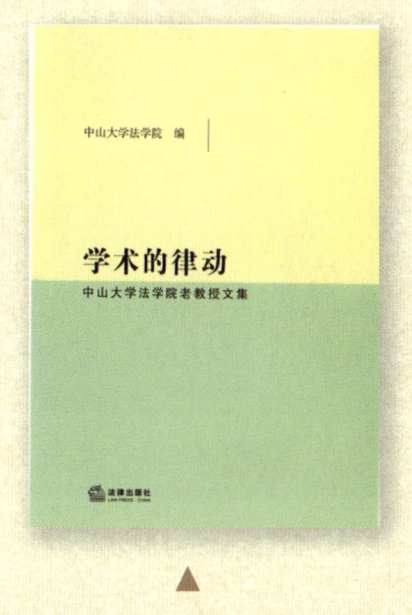

中山大学法学院编，《学术
的律动：中山大学法学院老
教授文集》，法律出版社
2006 年版

《端木正自选集》，广东人
民出版社 2007 年版

（二）先生手迹

《建设具有中国特色的律师制度》

《反腐败与健全法治座谈会发言摘要》

《参与起草香港基本法的片段回忆》

《国际生活中的条约》

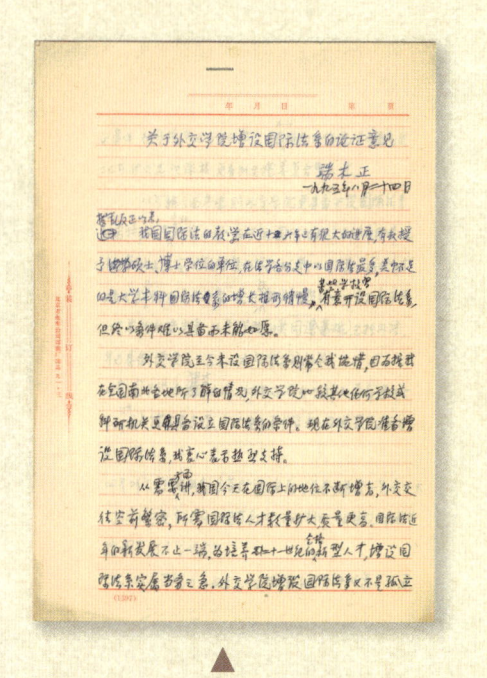

《关于外交学院增设国际法系的论证意见》

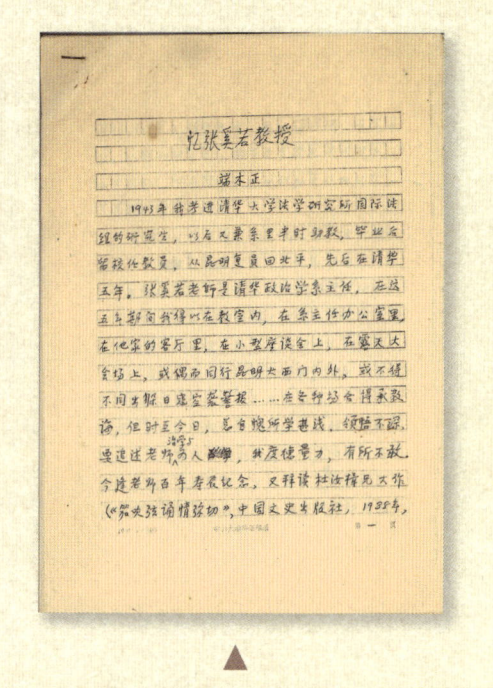

《忆张奚若教授》

《中山大学法律评论·序》

《我的母亲》

（三）学术活动

▲ 1979年8月30日，端木正先生（前排右一）参加中国法国史研究会成立大会时的合影

▲ 1985年5月2日，端木正先生（前排左二）与中国法国史研究会同仁的合影

▲ 1986 年，端木正先生（中）在北京与中国法国史研究会骆幼玲（左）、申晨星（右）的合影

▲ 1986 年 11 月 21 日，端木正先生在瑞士弗里堡大学讲课

▲ 1989 年 3 月 15 日，端木正先生（右一）参加纪念法国大革命
200 周年学术研讨会时的留影（摄于法国驻北京大使馆）

▲ 1998 年 9 月 7 日，端木正先生（左二）出席中国法国史研究会第
七届年会

学术成就

◀ 黄肖昱:《世界眼光与中国特色:作为历史学家的端木正》,发表于《史学理论研究》2020年第5期

▼

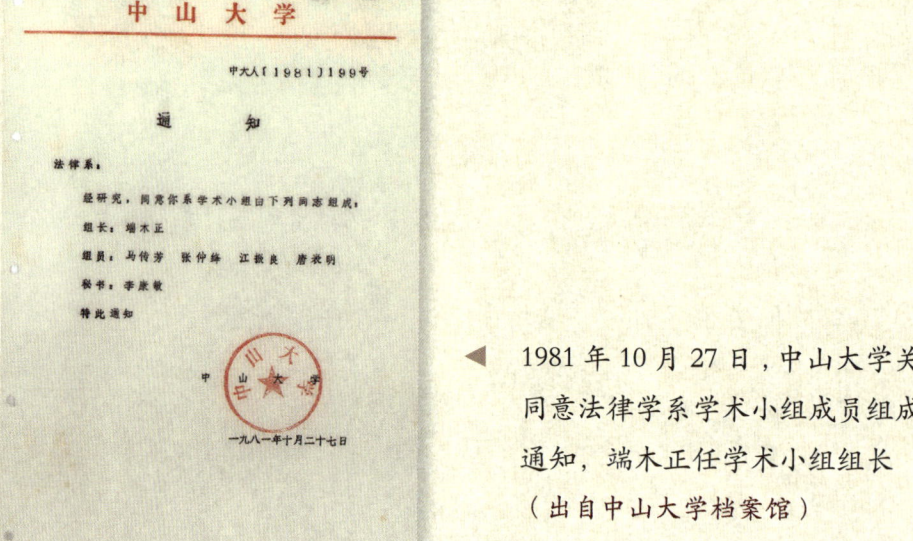

1981年10月27日，中山大学关于
同意法律学系学术小组成员组成的
通知，端木正任学术小组组长
（出自中山大学档案馆）

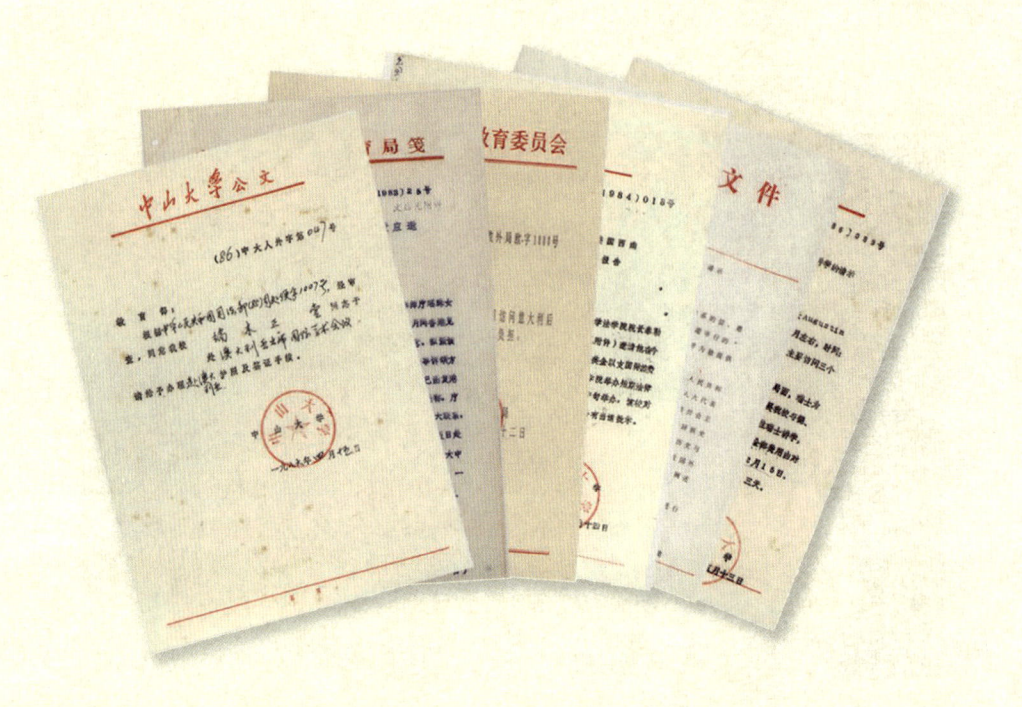

▲ 20世纪80—90年代，端木正先生应邀赴美国、瑞士、澳大利亚、法国等
国家和香港地区讲学及交流的档案（出自中山大学档案馆）

学术成就

▲ 1980 年 9 月 23 日，日本访华团丹生义孝团长在中山大学怀士堂举行学术报告后，与中山大学法律系、外语系日语组教师的合影，前排中间为端木正先生

▲ 1981 年 7 月 20 日上午，端木正先生（左）参加学术讲座时在中山大学电教大楼前的合影

▲ 1984年10月，端木正先生（左二）在中山大学欢迎法国著名法学家、法兰西院士苏珊·巴丝蒂（左三）时的合影

▲ 1984年10月，端木正先生为在中山大学讲课的苏珊·巴丝蒂当翻译

▲ 1986年6月14日，端木正先生（中）与前来中山大学讲学的邹伟雄律师（右，香港公民协会副会长、市政局议员）及其子邹灿基律师（左，香港基本法咨询委员）在中山大学小礼堂的合影

▲ 1986年9月23日，端木正先生（左二）在香港树仁学院讲学

▲ 1986年9月，端木正先生（右）与法国学者在广东深圳的合影

▲ 1987年11月12日，端木正先生（右）与瑞士学者在广州白天鹅宾馆的合影

▲ 1986年11月8日，端木正先生访问瑞士洛桑时的留影

▲ 1988 年 10 月 27 日，端木正先生（右）应邀在意大利罗马大学法学院讲学

▲ 1988 年 12 月 30 日，在中山大学高等学术研究中心揭幕典礼上的合影（右起：端木正、朱森林、王文钧、谭茀芸）

▲ 20世纪80年代，端木正先生（左二）和中山大学法律学系师生，
与来校访问的美国知识产权代表团座谈（出自中山大学档案馆）

▲ 1991年5月，端木正先生访问泰国时作报告

▲ 1991 年 10 月 5 日，端木正先生在西班牙巴塞罗那第十五次世界法律大会上发言

▲ 1991 年 10 月 10 日，端木正先生（左二）在西班牙巴塞罗那第十五次世界法律大会上与各国友人交谈

▲ 1992 年 4 月 5 日，端木正先生与瑞士汉学家胜雅律（左）在北京家中的合影

▲ 1994 年 10 月 28 日，端木正先生（二排左四）在意大利帕尔玛与外国同行的合影（出自中山大学法学院）

▲ 1995 年 6 月 24 日，端木正先生（左三）在巴黎与法国同行的合影（出自中山大学法学院）

▲ 1995 年 6 月，端木正先生（右一）在瑞士洛桑大学与学生的合影（出自中山大学法学院）

▲ 1999 年 5 月，端木正先生在荷兰海牙和平宫参加仲裁员大会期间的留影

（四）春华秋实

1991 年 10 月 1 日，端木正
先生获国务院政府特殊津贴
的证书

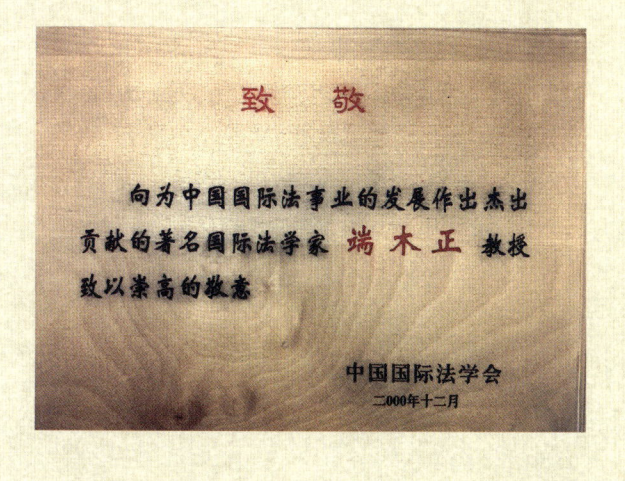

2000 年，端木正先生荣获中
国国际法学会授予的"为中
国国际法事业的发展作出杰
出贡献"奖牌

2005 年 5 月，端木正先生获
广东省哲学社会科学优秀成
果奖证书

六、薪火相传

先生复办法律学系，"当时真是一无所有，说得上是白手起家"。积数十年在高校之经验，先生以师资、图书资料为建系重点，既多方吸纳英才，又宁缺勿滥，为法律学系在未来的发展留足了拓展空间。1980年秋，人称中大"最小的系"的法律学系首次招生；1981年，法律学系首招研究生并开设干部专修科与夜大学大专班；1985年，法律学系已有各类学生700多人，一跃成为全校的一个大系；至20世纪90年代初，法律学系与广东省高级人民法院、广州市中级人民法院多次合作办班，培训司法干部，为粤北、海南、广州等地区培养了一批合格的法官。先生通过大力培养法学专业人才、尽快满足社会发展需求的途径，在中山大学法律学系实现了他的办学指导思想和最终目标——提高国家整体的法学水平，实现依法治国。

先生生于朴实的书香之家，自幼即蒙传统学业之训。先生尝自云，从其入学求知起，就一直没有离开过学校。故先生终身以教书匠自许，以授业为荣。即使在古稀之年成为中国最年长的法官之后，他仍着意保留着教职，一年两次返归中山大学（每次月余），指导系中研究生的学业。先生教书授课直到八十开外。至于育人育德，薪火传承，则恒久弥远，佳话留传！

▲ 1981 年 6 月 25 日，端木正先生（中）与中山大学历史学系世界史研究生的合影

▲ 1983 年 6 月 24 日，端木正先生（后排中）欢送中山大学 83 届少数民族毕业学生的合影

▲ 端木正先生在与学生讨论

▲ 端木正先生在与学生讨论（出自中山大学档案馆）

▲ 1985 年 6 月，端木正先生（前排中）于美国西南大学合办暑期法律班课后与同学的合影

▲ 1985 年，端木正先生（前排中）在外国留学生迎新会上的合影

▲ 20世纪80年代，端木正先生在给外国留学生上课

▲ 20世纪80年代初，端木正先生与中山大学法律学系复办后首批国际法研究生的合影（后排右起：谢如东、马力、王毅）

▲ 1987年夏，端木正先生（后排左五）与中山大学法律学系师生合影于林公则徐纪念碑前

▲ 1987年6月30日，端木正先生（右三）与中山大学87届毕业研究生的合影

▲ 1989年9月9日，端木正夫妇（左二、左三）与学生钟穗娟（右）、林博也（左）在住宅前的合影

▲ 1989年11月12日，中山大学法律学系师生在校庆期间的合影（右起：王国安、端木正、陈春生、李挚萍）

▲ 1989 年 11 月 12 日，端木正先生（前排右三）与中山大学法律学系师生的合影（出自中山大学法学院）

▲ 1990 年 6 月 15 日，端木正先生（前排左二）与中山大学 1990 届国际法毕业研究生的合影

▲ 1992年6月，端木正先生（前排）在中山大学法律学系门口与
学生的合影（出自中山大学法学院）

▲ 1992年7月，端木正夫妇（右二、右三）与申晨星（左二）、
高树异（右一）等人的合影

▲ 1993 年 1 月 1 日，端木正夫妇与学生于京寓的合影
（后排右起：韦华腾、林嘉、沈永祥）

▲ 1996 年 6 月 12 日，端木正夫妇（前排右三、右四）与学生的合影

▲ 1996 年 6 月 29 日，端木正夫妇（前排左二、左三）与学生的合影

▲ 1998 年 6 月 28 日，端木正夫妇（左二、左三）与颜湘蓉（左一）、
袁古洁（右一）的合影（出自中山大学法学院）

▲ 1998 年 12 月 29 日，端木正夫妇（前排中间）与学生的合影

▲ 1999 年，端木正夫妇与学生的合影
（后排左起：吴骁、韦罌彩、蒋贤争、唐成、滕华、梁文）

▲ 2002 年 2 月 4 日，端木正夫妇（前排中间）与学生的合影
（出自中山大学法学院）

▲ 2004 年 2 月 29 日，端木正夫妇（中间）与钟小锋（左一）等的
合影

薪火相传

▶ 2004 年 11 月 12 日，端木正先生（左）在从教 55 周年纪念会上，与梁爱诗女士（中）、民盟中央副主席张梅颖（右）的合影

▲ 2004 年 11 月 12 日，端木正夫妇（前排右一、右二）在从教 55 周年纪念会上与师生的合影

▲ 2006 年 11 月 7 日，端木正夫妇（前排）在京与学生合影
（出自中山大学法学院）

▲ 2006 年 11 月 12 日，中山大学法学院在京聚会时的合影，前排坐
者为端木正夫妇（出自中山大学法学院）

▲ 端木正夫妇（中间）与中山大学法律学系学生的合影

▲ 端木正夫妇（前排）与中山大学法律学系学生的合影

▲ 端木正夫妇（左三、左四）及家人与历史学系研究生张家展夫妇（左
一、左二）的合影

▲ 20世纪90年代，端木正夫妇（右一、右二）与曾在中山大学外语
系上过法国史课的两位学生的合影

▲ 2004年端木正夫妇出席在广州举行的校友活动
（后排左起：林亚波、陈致中、黄瑶、邢益强）

▲ 端木正先生与陈志南（右）的合影

▲ 端木正夫妇与学生的合影（前排左起：赵晓雁、钟穗娟、端木正、姜凝；后排左起：侯向京、林博也、贾殿安、沈永祥、马力）

七、社会交往

先生是安徽人士，自 1951 年从法国归国，接受当时岭南大学校长陈序经先生之邀来到南国羊城，先生这个辛勤的"教书匠"便成为终生扎根并耕耘于岭南大地的外乡"岭南牛"。

他一来便幸运地能与在抗日烽火连天时同在著名的西南联大的老师同学重逢，如陈序经、陈寅恪等师长，也有钟一均、罗应荣、廖翔华夫妇等众多同学，仿佛西南联大故旧集结羊城。还有其他师长，如姜立夫先生等，以及来自全国各地、大多留过学的医生们、科学家们。50 年代初，他们热火朝天地一起工作，也常常一起聚会，参加校园舞会、京剧聚会、话剧演出等活动，由此与校外文化界人士的联系也得以加强。先生在广州与许多老朋友在这个年代结下的友情经久不变，终其一生，这些情谊都伴随着他，给他鼓励和安慰。这种友情也为后代所继承。

在先生的交往中，有不同阶层的人士，有大师名人、著名演员，也有工友、理发师、饭店工作人员等，但他坚守"人生而平等"的原则，一视同仁。他的亲友中有许多普通人家，也有像光荣的抗日老战士胡荣、张志晖这样的亲家，他都同样亲切相待。

在他离开法国 30 多年后又与法国老师重新建立联系，依然质朴地维系友谊，荫及子女。

（一）师友合影

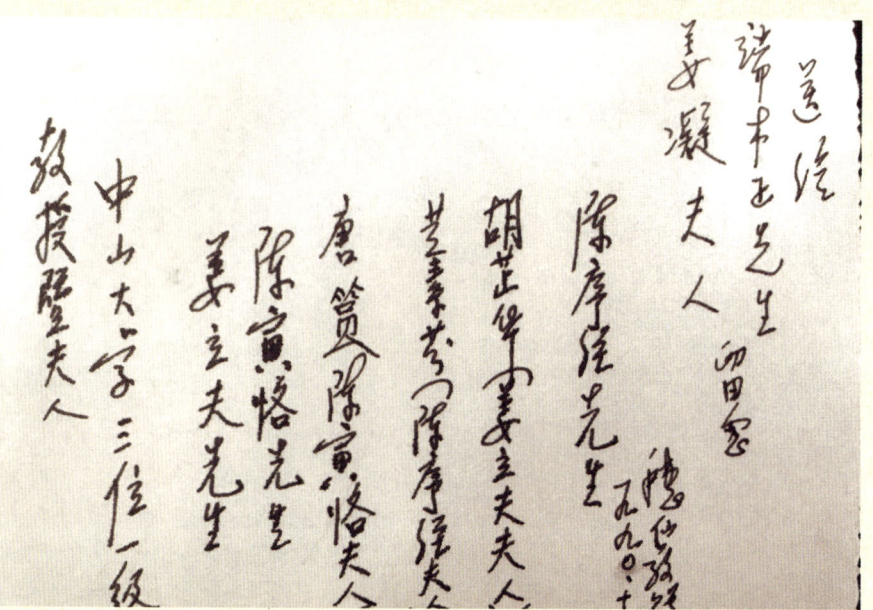

▲ 20世纪50年代，中山大学三位一级教授及家属在中山纪念堂的合影（左起：姜立夫、陈寅恪、唐篔、黄素芬、胡芝华、陈序经）

▲ 1957年4月，陈寅恪夫妇（二排左八、左九）、中文系董每戡教授（二排左六）、姜凝（二排右四）等与广州京剧团团长傅祥麟（二排左七）、演员孙艳琴（二排右五）、票友任奉仪（二排右七）等的合影

▲ 1957年4月，姜凝（右二）陪同陈寅恪夫妇（左三、左四），接待广州京剧团演员孙艳琴（右三）、张淑云（左二）等的合影

▲ 陈寅恪夫妇及其女儿与姜凝（右一）的合影

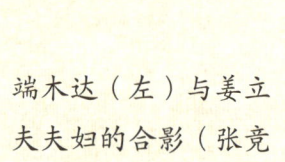 端木达（左）与姜立夫夫妇的合影（张竞男摄）

▲ 1984年暑假，端木正夫妇（左二、左三）与王正宪（右一）、潘孝瑞（右二）等人的合影

▲ 1984年暑假，端木正（左四）与蒋相泽（左三）、王正宪（右四）、丁凤堂（右二）等人的合影

▲ 1984 年 11 月，端木正先生与老师苏珊·巴丝蒂教授在中山大学

▲ 1994 年 4 月，端木正先生在广东省中山香山法律书店

社会交往

▲ 1994年，端木正夫妇在新疆调研时，与1954年中山大学历史学系毕业生杨爱莲（左一）及其子（右一）的合影

▲ 1998年5月，端木正先生（前排中）、姜凝女士（后排左二）在北京香满楼与1986年在瑞士认识的法学学生马哲明（Arthur Mattli，后排右一）全家合影（出自中山大学法学院）

▲ 1998 年 5 月 1 日，端木正先生与王铁崖教授（右）于北京大学未名湖畔的合影（出自中山大学法学院）

▲ 1998 年 5 月 1 日，端木正夫妇与王铁崖夫妇（右二、右三）及马骏教授（左二）于北京大学未名湖畔的合影（出自中山大学法学院）

▲ 2002 年春节，端木正夫妇与黄焕秋夫妇（右一、右二）的合影

▲ 2011 年 11 月，陈寅恪之女陈小澎（右）、陈美延（左）来访时与姜凝女士的合影

▲ 端木正夫妇（前排右一、右二）与梁钊韬夫妇（前排左一、左二）及端木达一家三口的合影

▲ 1999年6月12日，端木正先生夫妇与董每戡先生儿子董苗、孙女于寓所合影

▲ 端木正夫妇（右一、右二）与董家遵夫人（左一）及其女儿（左二）的合影

◀ 端木正夫妇与曾桂友（中）的合影

▲ 端木正夫妇与何肇发夫妇（右一、右二）的合影

▲ 端木正夫妇（右一、左一）与香港艺人汪明荃（左三）、京剧大师赵燕侠（右二）等人的合影

▲ 端木正先生（右三）与京剧演员的合影

▲ 端木正夫妇在跳舞

▲ 端木正先生与陈致中先生（右）比球技

▲ 端木正夫妇（坐者中二位）与陈序经后人的合影

▲ 端木正夫妇（左四、左五）与黄焕秋夫妇（右二、右三）、陈序经后人的合影

▲ 端木正夫妇（右一、右二）与林家有（左二）等人的合影

▲ 端木正夫妇与林家有夫妇（右一、左一）的合影

▲ 端木正夫妇与陈寅恪先生原助手黄萱（右）的合影

社会交往

183

社会交往

▲ 端木正夫妇与马采夫妇（左一、左二）的合影

▲ 端木正夫妇与张幼峰（右二）、廖瑶珠（左二）的合影

▲ 端木正夫妇与中山大学中文系张振林教授（左）的合影

▲ 端木正（右二）与陈锡祺（左一）、曾桂友（左三）、江静波（右一）
等人的合影

社
会
交
往

▲ 与亲友的合影（左起：张汝郊、端木正、姜凝、任奉仪、张云乔、端木达、端木立）

▲ 端木正（右二）与黄焕秋（左三）、胡守为（右一）等人的合影

▲ 端木正先生与中山大学哲学系李开云教授（左）的合影

▲ 端木正先生与中山大学外语系李良裕教授（左）的合影

187

▲ 会议上的端木正先生与时任中山大学党委书记李延保先生（左）

▲ 端木正（右一）、李启欣（右二）与南天明律师事务所梁国华（右三）等人的合影

▲ 2016 年 11 月 11 日，苏珊·巴丝蒂教授的两个女儿来访时的合影
（前排从左至右：黄瑶、布尔多·巴丝蒂、玛丽安娜·巴丝蒂、端木美、
胡小河；后排从左至右：赵晓雁、谢如东、张亮、端木达）

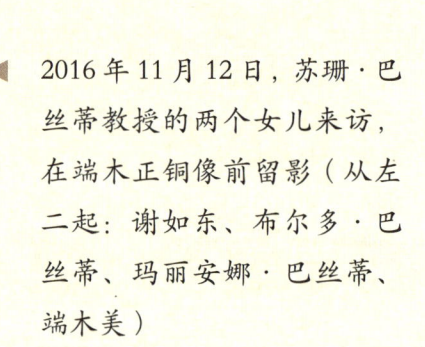 2016 年 11 月 12 日，苏珊·巴
丝蒂教授的两个女儿来访，
在端木正铜像前留影（从左
二起：谢如东、布尔多·巴
丝蒂、玛丽安娜·巴丝蒂、
端木美）

（二）来往信札

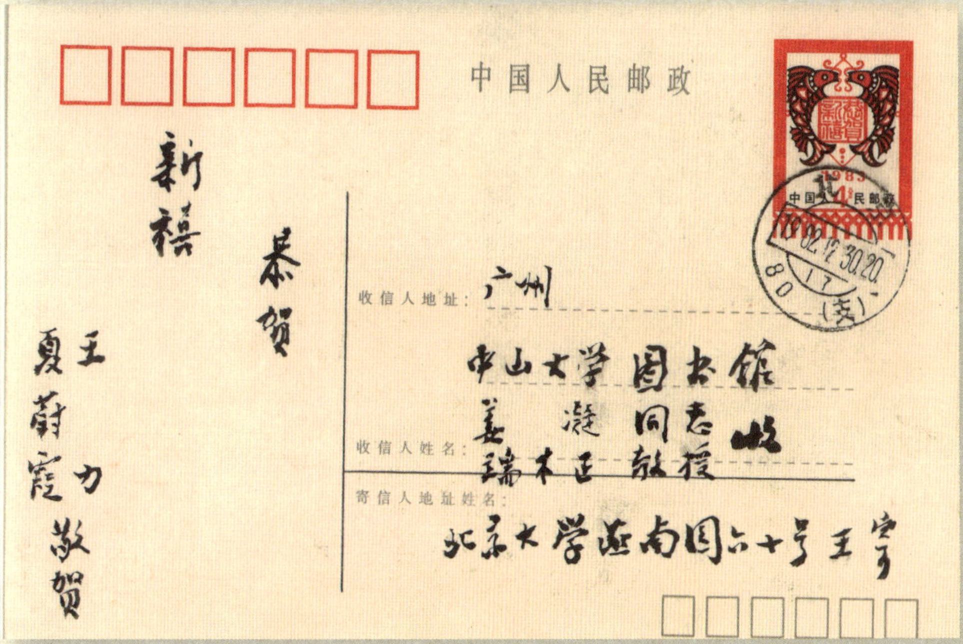

▲ 1983年，我国著名语言学家王力教授及其夫人夏蔚霞寄给端木正夫妇的贺卡

1986 年中秋节前夕，查良镛先生写给端木正先生的信

1988 年 4 月 30 日，李国宝先生（香港特别行政区基本法起草委员会委员，香港东亚银行主席）写给端木正先生的信

1988 年 9 月 12 日，王铁崖教授写给端木正先生的信

▲ 1990 年 12 月 27 日，黄萱女士写给姜凝女士的信

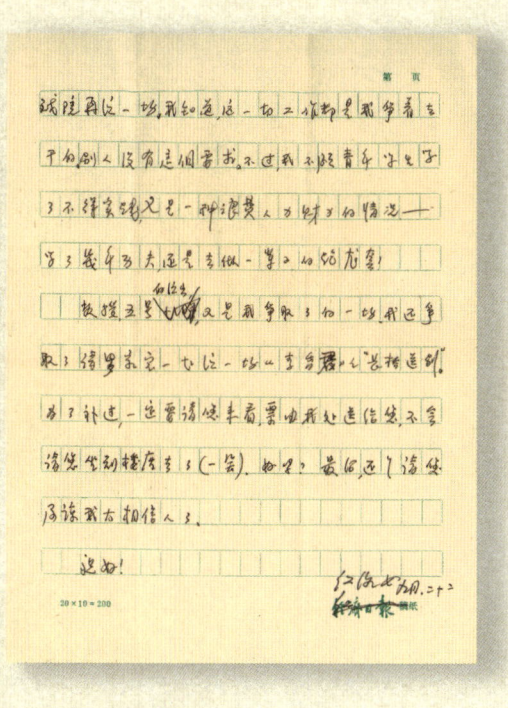

▲ 1989 年 9 月 22 日，红线女邀请端木正先生到海珠大戏院看戏的信

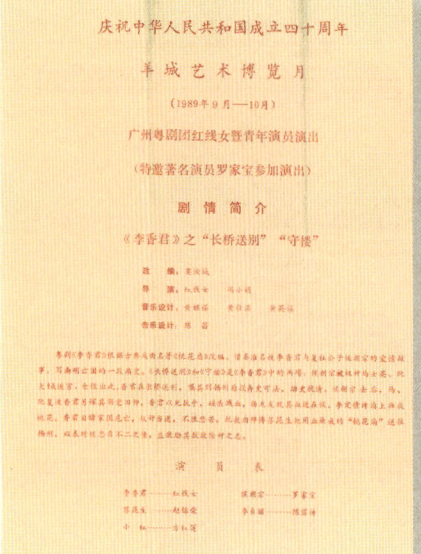

▲ 演出节目单和戏票

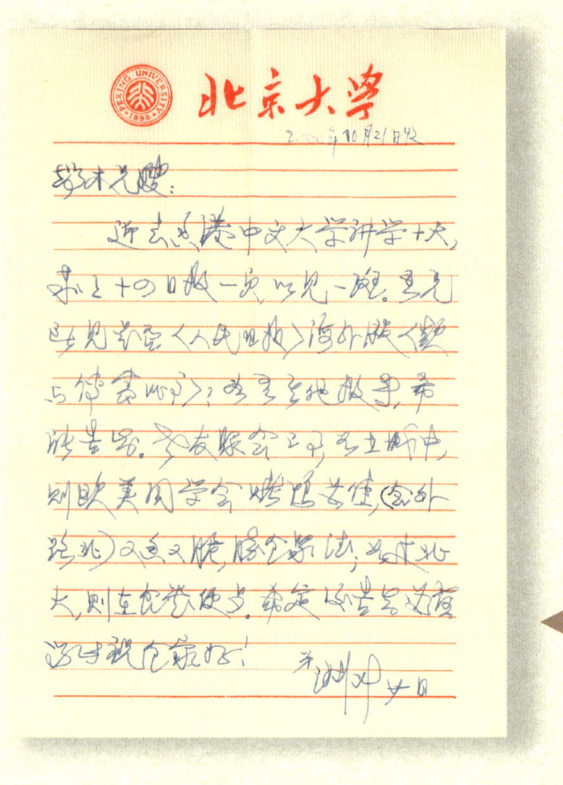

◀ 2000 年 10 月 21 日，北京大学许渊冲教授写给端木正先生的信

社会交往

江南園林(1991年) 60×92cm²
吴冠中

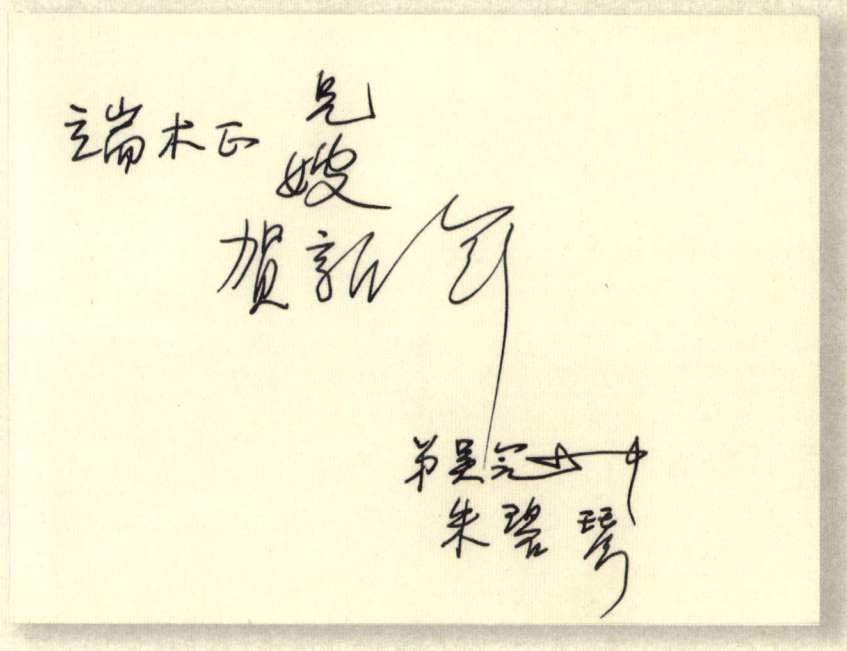

▲ 著名美术家、美术教育家吴冠中送给端木正夫妇的贺卡

（三）书画题字

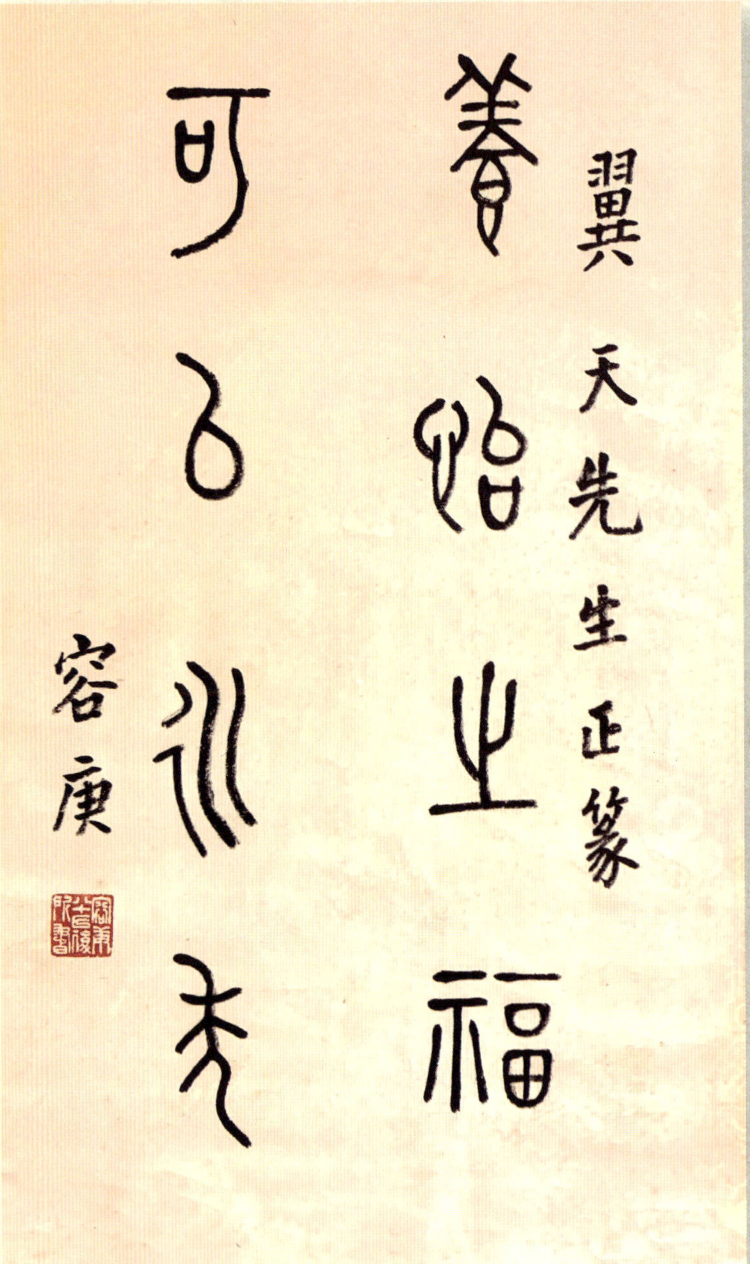

▲ 中山大学中文系容庚教授题字

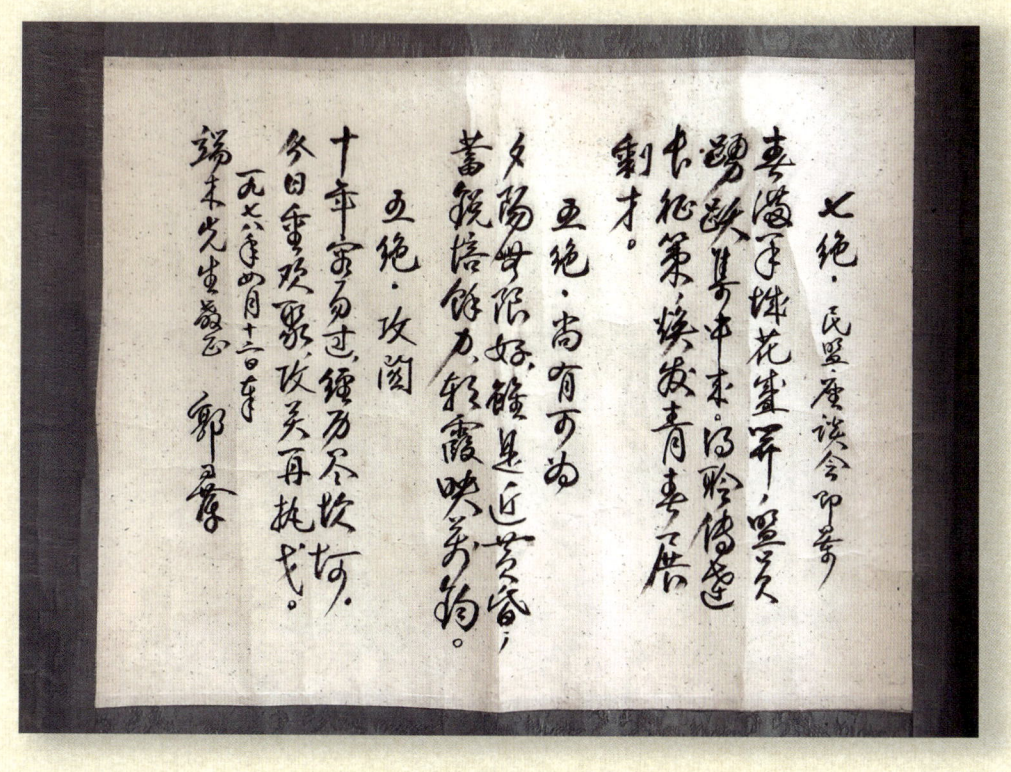

▲ 中山大学体育教研室郭习萍教授题字

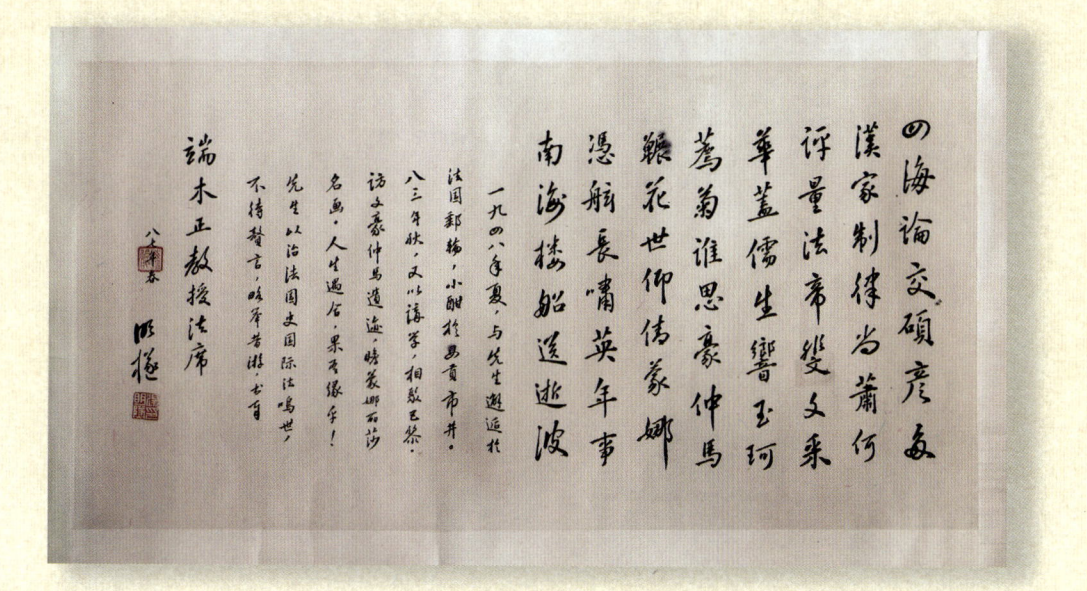

▲ 中山大学历史学系汤明檖教授题字

患难夫妻好，家庭气象新。著书志岁月，立法为人民。曾结忘年契，俱为历劫人。一枝先憔悴，回首为沾巾。

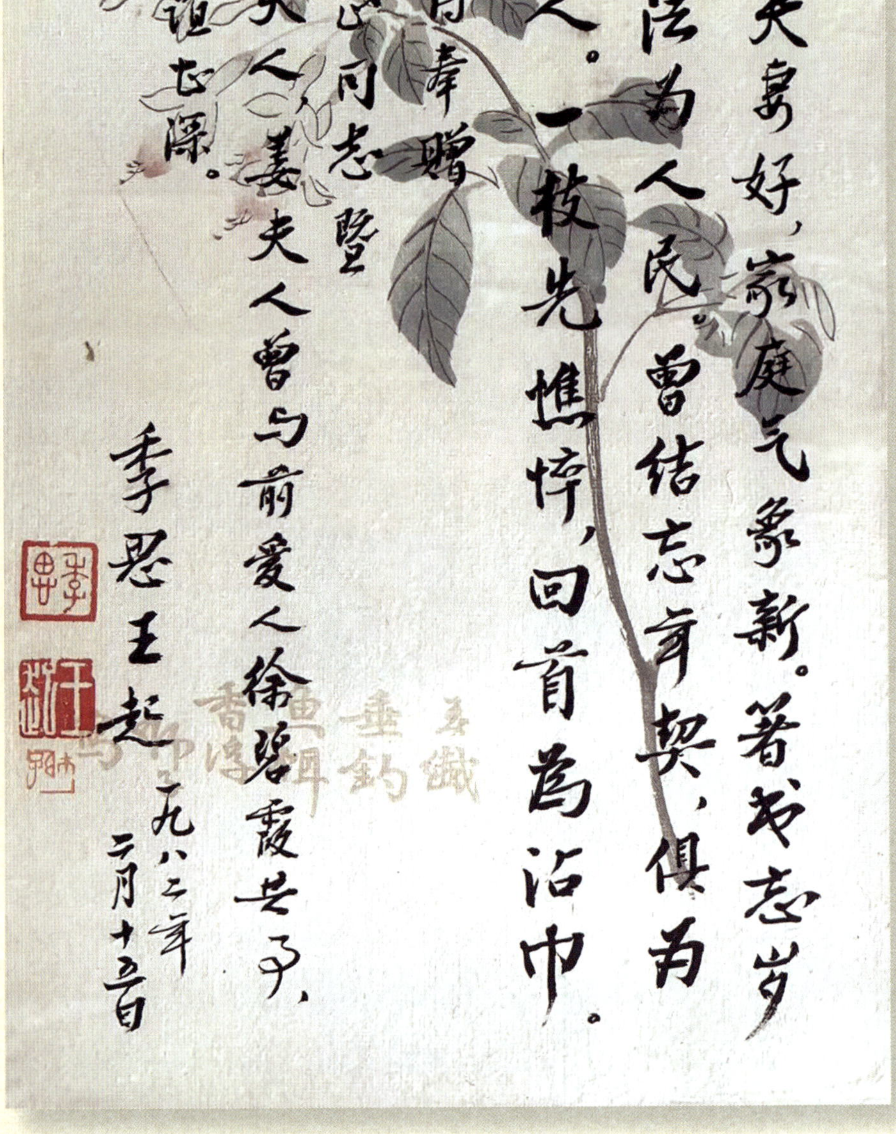

如诗奉赠
端木正同志暨
姜渭夫人姜夫人曾与前爱人徐碧霞芝子
情谊世深。

季思王起 一九八二年 二月十五日

▲ 1982年2月15日中文系教授王起先生题诗

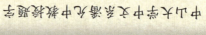

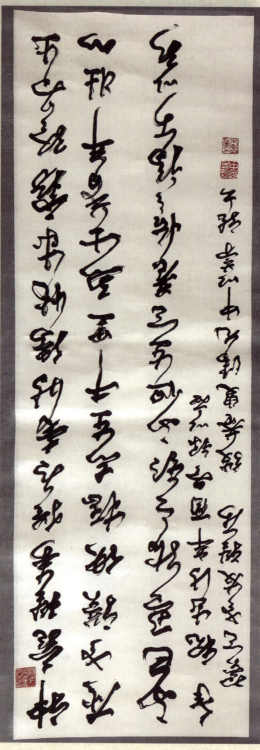

▲ 中山大学哲学系李五湖教授题字

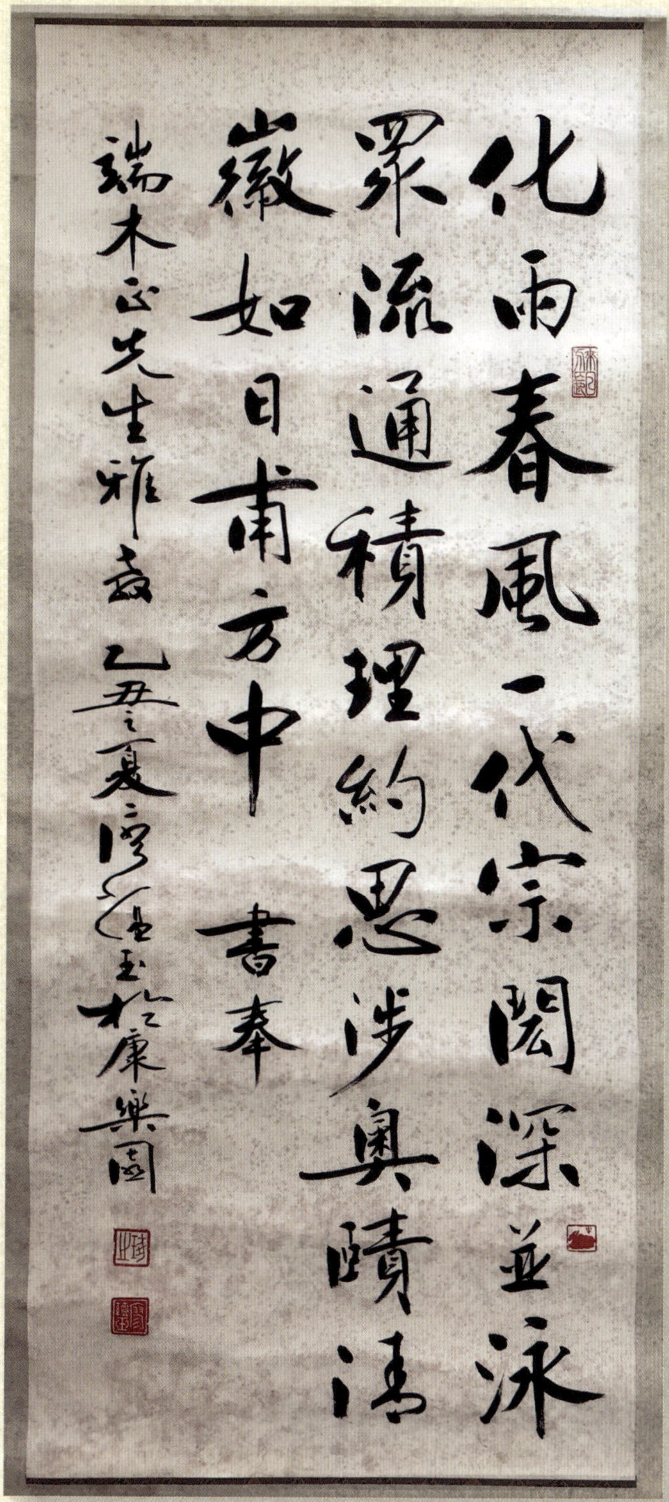

▲ 书法家廖蕴玉题字

▲ 端木正先生在武汉大学的老同学、著名漫画家方成的书画

八、永恒纪念

百年端木正

陆键东 [*]

"百年"，在中国传统文化中是很具人文含义的一词。远在两千年前，"百年"二字已屡屡见之于先秦典籍之中。在这一点上，我们可以看到中国文化何其博大精深，具有亘古不移的生命力。数千年前的先民不仅以"百年"期愿人生，而且以"百年"喻往昔之业、前世之基，充满了只可意会的人文怀恋。进至晚清，一生连结着近代史荣辱的李鸿章，面对世界剧变之局，回眸大清正处分崩离析的危局，在同治十一年（1873）向朝廷发出了"此三千余年一大变局也"的喟叹。此叹，含尽了近代以还古老帝国的耻辱。又再过去五十余年（1927年），已颇负盛名的清华大学教授陈寅恪，在其传颂一时的《王观堂先生挽词并序》中，对王国维身处的时代，以及连系三千年历史之迹，进一步引申谓："盖今日之赤县神州，值数千年未有之巨劫奇变，劫尽变穷，则此文化精神所凝聚之人，安得不与之共命而同尽……"十分明显，李鸿章与陈寅恪俱认同 19世纪后叶至 20 世纪初所发生的一切，乃三千年未有之变局。有重大区别的是，李鸿章逝于 1901 年，其时晚清之局犹未糜烂，大清犹在作最后的变革。而陈寅恪与李鸿章隔着三代人，以其亲历剧变之世，亲历时代光怪之迹，在李鸿章的基础上，已经看出了无法阻挡的时潮，发出了更为深沉的文化喟叹，指出了中国文化在近现代无法回避的命运。又将近百年过去，回视现当代中国一直波

---

[*] 专业作家、学者，原任广州文学艺术创作研究院院长，现任第十二届广东省政协委员。20 世纪 90 年代起师从端木正教授，教授晚年曾任陆键东"宣传思想战线跨世纪优秀人才"专门导师。

澜不息的前行轨迹，今人将无限的历史感慨，再次浓缩为"百年未有之大变局"一语，指向性更强，紧迫感犹在眉睫，沉痛如昔。百年一局，沧海桑田，世间之苍凉已无尽矣。

这是我们要论述"百年端木正"时一个无法回避的历史语境，也是我们今天无法割断的历史来路。

1920年，端木正出生于安徽省安庆市一个已有贤声的家族。其时正是北洋军阀统治最为混乱、现代革命即将诞生，却又交织着激情与迷惘的时期。今天已可以作结论，20世纪中国所有的历史路径，完全由此世纪20年代所生发。从5岁起到18岁，端木正先后在北平、南京两地多所名校完成从小学到中学的学业。时北平为近世六百年古都，当之无愧为中国首善之区；南京则于1929年被设为国民政府首都。少年端木正在新旧两京获得了上好的教育。1937年，抗战全面爆发，已为三所高校录取的端木正选择借读华中名校武汉大学。1943年，端木正考上心仪已久的西南联合大学清华大学法学研究所国际法组研究生。1947年，端木正研究生毕业，留在清华大学任教。从1937年到1947年，恰恰是十年。这是十分重要的十年。今天回看，无论于国于家，都极具超越个人之上的历史含义。在这十年，端木正不仅游学于当时中国一流的高等学校乃至中国最为伟大的联合大学，而且接触到并受教于当时中国极之优秀的教育家、大学教师，以及到校演讲的文化人士。武汉大学的王星拱校长、李剑农、杨人楩等一众教授，西南联合大学的恩师陈序经、张奚若、钱端升、陈寅恪等先生，不仅给了端木正极深的印象，而且影响了他的一生。五十年后，端木正饱蘸着深厚的感情，以并不多的文字，回忆与刻画了这些前贤的音容笑貌，点滴丰神，岂惟留下了早被淹没的风采，使这些一代人师从此在学术史上栩栩如生，而且更重要的是重现了已被遗忘的人文精神。李剑农生于1880年，王星拱生于1888年，张奚若生于1889年，陈寅恪生于1890年，钱端升生于1900年，陈序经生于1903年。这些20世纪的文化脊梁，在现代中国最处灾难深重的时刻，人生也正处五十开外之际，生命正处精壮之时。这也是他们的思想、他们的学术正处精壮的时刻，他们的学术，他们的精神世界，极为明亮。今天可以说，他们的"精壮"，凝聚了历史的意志与时代的精神，同样也呈现了现代中国在危难中绝不甘灭亡的生命力。他们不仅是其时中国的文化脊梁，而且在代际之间，极具火尽薪传的意义。这一点在百年过后看得更加清楚了。处此即将立身之际，端木正领受了精神与灵魂的熏染，此魂将牵引一生。

1948年夏，端木正以考取公费留学资格，赴法国攻读国际法专业博士研究生。时法兰西著名的国际法大家云集巴黎，传道授业，一时名宿俊彦，如北斗星辰。相似的历史重现，端木正可直接亲炙的名师即有被誉为"当代法国最享盛名的国际法学者"夏尔·卢梭，出身名门而又被誉为"巴黎大学历史上第一位女法学教授"的苏珊·巴丝蒂等。其他名彦不论，夏尔·卢梭出生于1902年，苏珊·巴丝蒂出生于1906年，时当壮年，在亲身经历"二战"的残酷与苦难后，正以其成熟的学术体系开启了后半生事业高峰的大门。其时两氏已给众学生留下了谦虚诚恳、善待学生、严于律己的深刻印象；四十年后，两氏以其一生再次阐释了学术史上一个纯粹的学者完美的历史使命与文化形象。1993年，端木正为文悼念刚去世的夏尔·卢梭，感慨写下其师一生的业绩："卢梭教授最重大的贡献是他的五卷本《国际公法论》。这五卷巨著总结了他半个世纪多的研究心得，全面地详细地论述了国际公法的一切问题。这种以一人毕生之功完成'百科全书式'的巨著在法国国际法学界原有其优秀传统，但多未能竟其功而中辍，卢梭教授是有幸完成如此大业的一位"（按：引文为节录，下同）。1995年，端木正怀念新逝的苏珊·巴丝蒂老师，谓她的去世，世界国际法学界沉浸在无比哀痛之中。苏珊·巴丝蒂一生不管获得多少荣誉，她最大的贡献是培育人才，桃李遍天下——当时的联合国秘书长、国际法院院长，以及法国驻华大使等名流，都出自其门下；至于中国，"大陆、台湾、香港和海外曾受教于夫人的中国学生所在皆是"。两教授的一生，几乎贯穿20世纪，事功丰富，影响巨大，但最终为历史、为后人盖棺论定的，是精勤而又纯粹孤寂的著述，以及桃李满天下的文明播种，凸显着的是超越时空的人类文化灵魂。而最值得深思的是，这一精神世界，在两氏中年时已经恪守，此后五十年里竟然纹丝不变。作为后学的端木正，目睹了这一代"百年"的全过程。当在历史长河中，今人回首同样作为薪火相传一环的端木正一生，可以看出他已融入这条壮丽的历史之河，同样为此长河所化。

1950年夏，端木正获得巴黎大学法学博士学位。1951年春，端木正以论文《中国海上捕获法》再获巴黎大学高级国际法研究所毕业文凭；5月，即匆匆归国。在这里，历史与人生都出现了影响终身的节点：于时代而言，1949年10月中华人民共和国成立，1950年10月中国人民志愿军赴朝鲜作战，从此，以美国为首的西方开始长达三十年对中国的全面封锁；于个人而言，仅用两年时间即收获最高学位并获得法国名校的文凭以及与名师的友谊，法国于端木正而言，无疑称得上是打开了友善的大门。据多年后的揭秘及亲历者回忆，在1951年初，美国已经以迅雷不及掩耳的速度，首先在战争物质、留学人员归国等方面实施对中国的严密封锁。端木正在1951年5月匆匆归国，尽管详情至今未知，但实际已经透现着形势的急迫。有一点烙印不仅是真实的，而且是富有终极意味的：在历尽一生坎坷后，晚年端木正数次平静地表达，中国人在外国无论过得怎样，始终都是二等公民（大意）。这可视作1951年端木正在历史节点降临之际所作选择的原点，同时也可视作其一生出处的原色。这一点，象征意味很浓——像极了他的一众中国恩师，也像极了他留学法国的一众名师。陈序经、张奚若、陈寅恪侪辈中壮年时的人生态度与文化风度，就已经决定了一生的态度与风度；夏尔·卢梭、苏珊·巴丝蒂侪辈中壮年的操守，也决定了他们一生的操守。

从人生际遇而言，1951年是端木正人生的第一个分水岭。他在如此的背景下归国，命运开启的是没有料到的人生。之后，端木正在二十多年的漫长岁月中，失去了站在讲台上的机会，耗去了精力最为旺盛的光阴。这是他人生中最难过的一段漫长岁月，种种卑微与不堪，都淹没在生命的华彩点点褪去的尘埃中。蓦然回首，徒剩人事已非。而若从"百年"这一历史意念去看，岁月如流，逝者如斯夫。在这三十年，历史与文化的代际已出现，老师一辈已云亡。李剑农逝于1963年，陈序经逝于1967年，陈寅恪逝于1969年，杨人楩逝于1973年，张奚若逝于1973年，邵循正逝于1973年，邵循恪逝于1975年。以上诸氏，俱是曾在武汉大学、西南联合大学、清华大学耳提面命的恩师。从更高的角度看，随着这些"巨星"的殒落，代际的界线已经清晰可见，"百年"的意味首次可感。

1980 年，中国大地全面铺开了拨乱反正、改革开放的大潮，世局发生翻天覆地的变化。时距端木正学成归国头尾相隔已有三十年，昔日的青年英俊已迈入花甲之年。端木正足足六十岁，他开启了历史意义而非年岁意义的后半生，他的人生出现了第二个分水岭。若没有这个后半生，他的一生不算完整。但反过来看，他的一生其实在 1950 年前后就已经决定了。在 1980 年，中断了 27 年的高等法学教育重获新生。中山大学复办法律学系，授命端木正为系主任，赋其"筚路蓝缕"的重任。几乎是与此同时，在这个新旧骤变的代际，端木正浸润数十年的法国大革命研究结出硕果。他以长年身处学术前沿及新贡献的著名译著《拿破仑时代》，晋身为中国法国史研究的代表人物。到此，端木正一生重要的学术两翼——中国国际法承前启后的第二代大家、中国法国史研究名家——已经构建成型。但若仅仅就此论定犹远远未足。于文化史而言，超越个体"事功"之上的，则是文化的灵魂。正是这样，"百年"的历史意味赫然浮现。被誉为"晚年人生重新勃发"的端木正，实际上在再续薪火。于是，在他身上我们似可直接感受到前贤的灵魂，直接感受到陈序经、陈寅恪等的精神。这一点，昭示着历史从来没有中断，由此益信数千年的中国文化就是这样传承下来。

于是，在美丽的康乐园，一届又一届的学子，能直接沐浴到师长端木正的温煦。师爱，如无尽的春雨，润泽深远。他的博学、功力、视野以及诲人不倦，俱使千百年来传颂不已的"春泥护花""岿然长德"等意象生动形象，亲切可感。他散发的是文化力量中的温文尔雅，博大包容；他呈现的是人性中的善良宽厚，淡定泰然。与之接者，莫不仰止。运命就是如此奇妙。端木正生命中最为明亮的年华，竟是在他六十之后，竟是在人生的晚年。比之于他追随半生的一众恩师，他得天眷似多，他的中国老师平均年寿不过七十，大部分年进六十时已日暮途穷。历史显示的是这样一个无人可预设的事实，由天拣择，凝聚一代仪刑的风华，或只投射到某一个承命者的身上。从 1980 年至 2020 年，整整四十年，康乐园中的法学园地，轻拂着的是一代名师的熏风，流传着的是一代名师的传说，这使法学苑有了厚实而又自信的底气。端木正逝于 2006 年，但生命的消失，时光的消磨，不仅没有抹去春风的记忆，而且随着岁月流逝，思念与追忆愈加教人怀念。古人云："学也者，人心之日月也"，移用于此，正此谓也。而更深层的意义还在于，它显示了文化的深厚与绵长。从某种意义上说，四十年足足可涵盖两代人。从百年的时间段看，这是几乎占去一半的年岁轨迹；从百年的历史过程看，端木正正正处于百年中承前启后的代际间。"天将降大任于斯人也"，凝聚了一代又一代前贤精魂的亮光，将火尽薪传，继续光耀来者。

这就是"百年端木正"的历史含义！

这也是本书所应有的历史意义！

作为亲炙师恩的传承者，我们今天所做的缅怀与纪念，后人将会看得很清楚。

最后，可兴起无限感慨的是，最近新发现一张端木正老师保存了半个世纪的签名帖——1948 年 4 月 14 日《政治系同学为欢送端木先生出国茶会纪念》。在该帖上签名的同学共有三十多人，它显然是该日清华大学政治系同学举行欢送端木正留法聚会上留下的纪念物。七十年后审视这张签名帖，绝大部分名字很陌生，换言之，这些同学已经消失于以后的学术演进史中。而能在民国年间成为清华政法专业的学子，依当年的风气，称他们为文科的"天之骄子"一点也不过分。但就是这样，这些当年的佼佼者最终却泯然众人。天择之难，运命之幻，成才之艰，一至于此。这是最让人叹息不已的。

由此，益念我们人生中能遇到的恩师！

2020 年 9 月初稿
2020 年 10 月 1 日定稿

薪火相传

谢如东 *

为纪念端木老师，我们于 2015 年 5 月 4 日，成立了"端木正法学基金"，弘扬老师的教育理念，培养国际型法学人才，薪火相传。

在过去的五年半时间里，基金开展及支持了多项有意义的活动。现仅以当时撰写的两篇小文，纪念老师百年诞辰。

什么叫传承

32 年前，我也像这些学生们一样，坐在讲台下，聆听一位法国女教授的讲课。她的名字叫 Suzanne Bastid，是我的研究生导师端木正教授当年在法国巴黎二大读博士生时的老师。那时候，国家百废待兴。我们没有好的师资，没有充足的图书，没有互联网……为了提高我们的学习质量，端木老师想尽办法把她请来了，给我们讲了整整一个月的"条约法"。Bastid 教授在国际法学界大名鼎鼎，曾任法国国际法学会会长、联合国行政法庭庭长多年。有幸聆听大师的授课，受益终生！

32 年过去了，Bastid 教授走了，端木老师走了，但我们还在。去年，我们发起成立了"端木正法学基金"；今年，我们以基金的名义，邀请了法国巴黎一大著名的 Burdeau 教授来华讲学。她，就是今天站在讲台上授课的这位教授。Burdeau 教授曾任法国国际法学会副会长、海牙国际法学院秘书长、海牙常设仲裁法院仲裁员等。而对我们而言，更为重要的是：她是 Bastid 教授的女儿！

这是中山大学法学院的一段传奇。这，就是传承，是文化的传承，历史的传承，中法友谊的传承！

2016 年 11 月 11 日

* 中山大学端木正法学基金理事会理事长、端木正教授首届国际法专业研究生。

生日快乐——中山大学法学院

10月26日，母校中山大学法学院举办了一系列的活动，隆重庆祝法学院复办40周年暨创建114周年！而庆祝活动的一台重头戏，则是横跨两天的"中外法学院院长论坛：科技与法学教育的未来"国际研讨会。

这是一次思想的碰撞！内地各大名校的法学院院长们都来了：中国人民大学、北京大学、清华大学、武汉大学、复旦大学、吉林大学、浙江大学、南京大学、厦门大学、中国政法大学、西安交通大学等，加上来自美国、英国、德国、澳大利亚、日本、新加坡以及港澳台等地名校的法学院院长们，真是高手云集，火花四溅！

这是一场智慧的盛宴！现代科技的高速发展，已经影响到了人们生活的方方面面，但大家有无想过：此时，我们是否更加需要法律的保驾护航？比如说：我们已经进入到了"大数据"的时代，但大数据的所有权属于谁——提供者？收集者？分析者？使用者？高科技在法律层面上，到底改变了什么？又没有改变什么？法律应该怎样拥抱科技？法学教育又应该怎样与时并进？一个个尖锐的问题，一次次心灵的触动！

干货多多，收获满满！中山大学法学院以这种严谨、高端、前沿的学术探讨来庆祝生日，获得了在场中外法学院院长们的一致赞赏！

而此次论坛活动，是由"端木正法学基金"全资赞助的。这，就是我们送给母校的一份生日礼物吧！

2019 年 10 月 27 日

闪光的记忆碎片
——父亲百年诞辰有感

端木美

纪念父亲的文章我写过不少。由于他是著名的法学家、历史学家，一个公众人物，所以以往我的文章都着重在他的不寻常的人生经历、他的学术贡献等。其实，我心头浮现的却常常是他作为父亲的日常形象、在我们成长过程中他对我们的尽在不言中的言传身教。为此，在纪念父亲百年诞辰之际，我希望把记忆中父亲的过往点滴逐渐留在文字中，留传下去。

岭南旧事

上个世纪五十年代父亲从法国回来，便把家安在了广州康乐园，他本人也成了岭南大学末代副教授，年仅三十出头，还担任过昙花一现的历史政治学系代理系主任。那时在校长、教育家陈序经先生感召下，岭南多有名师，该系亦然，其中最著名的是历史学家陈寅恪。此后我们家孩子在康乐园便有了陈序经陈公公、陈寅恪陈公公，两位陈夫人便都是陈婆婆。他们都是父亲在西南联大时期的恩师。还有一位著名的数学家姜立夫先生和夫人，因为与我母亲同姓，也成了我们的姜公公姜婆婆。

那真是一个"谈笑有鸿儒，往来无白丁"的岁月，家里常有爸爸一些同事来来往往，也有从国外回来的钟一均、罗应荣、廖翔华夫妇等，后来长大了才知道他们（还有其他一些叔叔伯伯）都是爸爸西南联大的同学、校友。我有时自问，难不成当年西南联大法商学院院长陈序经先生一振臂高呼，岭南就成了民国之后西南联大最后的集结地之一吗？

当然，具备优秀教育家特质的陈序经校长海纳百川，识人善用，他还从全国各地，如北京协和、四川华西医院等单位招来各学科知识精英，使得大多留过洋的著名科学家、医生能齐聚岭南为国效力。那是康乐园充满生机的年代。我们年幼并不了解，但是我们与许多随父母来自各地的小朋友在此相遇，并和其中许多人结下深厚友情，如陈校长的幼女陈渝仙、陈耀真医生的女儿陈之昭等，快乐地在美丽的康乐园度过难忘的童年。几十年之后父辈耕耘过的岭南依然是我们共同的精神家园，已经散落在国内外天涯海角的幼时朋友在岭南大学校友会框架下组织了"岭南子弟联谊会"，当年父辈把我们带到这里，给了后代一种共同的身份认同，经久不变。

粤语风波

在记忆中，岭南康乐园的确就是我们的家，此后几十年的漂泊也居然使我这样的祖籍外乡的人只认羊城是故乡。

故乡必与乡音相连。而我们家是外省人，来到广东一口标准的普通话，被广东人称为"老松"。不过很快我和大弟弟就与周围的孩子们打成一片，慢慢熟练地讲起广州话，后来还带上出生在岭南护养院的小弟弟这个地道的小老广，居然在家里叽叽喳喳地用广州话争吵或讲笑。经常在家工作的爸爸一度被闹得受不了，他从来不打不骂我们，生气了只会说："真是胡闹！"他要求我们："讲大家听得懂的话！"我们三个做个鬼脸一猫腰就作鸟兽散，不回答也不打搅他。过一会我们姐弟之间依然一进家门就脱口讲起广州话。语言在家里仿佛成了不安定因素。好在温柔贤惠的妈妈当时在学校家属委员会里工作，很快也开始大胆尝试讲广州话，虽然讲得不如我们，但是这一步迈开很重要，大大缓和了家里的气氛。在妈妈的带动推动下，爸爸也从蹦出一两个字开始，自嘲式地不时秀起南腔北调的广州话。后来大家都在不同场合听到过他幽默地声称："我的广州话是百分之百：百分之七十听，百分之三十讲。"令所有人忍俊不禁。

长大后我认为这句话正好表明父亲通过粤语的实践逐步完成对岭南文化的认同。最初他刚到广州，是以广东籍学生为主的岭南学子不熟悉的从法国（而不是从美国）回来的、完全不懂粤语的青年教师。当年的学生到老都清晰地记得，那时这位身材高大的年轻教授热情地用普通话为他们上政治大课"新民主主义论"，间或有一些词他们并非都听得懂。几十年后师生们在北京岭南校友会重逢，这些广东籍老学生已经能说一口广东音很重的普通话，而我的父亲也可以从容地用他普通话演化的粤语半生半熟地对话。不仅讲粤语，而且几十年过去了，父亲已经习惯了在生活浮沉中到广州的茶楼体验"一盅两件"的甘苦，悠然地把人生百味化在老广们的谈笑声中，宠辱皆忘。慢慢地，南音、粤曲、粤剧也进入了他的谈资中。相信在那些岁月里、在欣赏他敬重的红线女的《卖荔枝》时，南国已经逐渐成为他心中新的文化沃土，抚慰了游子心中"且认他乡作故乡"（陈寅恪，1945 年 4 月《忆故居》）的惆怅。

京剧留痕

出生在北京的父亲似乎与生俱来地喜爱京剧。他说从小就跟我的祖母出入北京的戏园听名角的戏，所以一个后来接受西方教育的人西洋歌不会唱，哼几句京剧还可以。他把这种爱好带到了南国羊城。寻寻觅觅之后，他惊喜地发现这个酒楼茶肆处处飘响粤曲南音的陌生地居然拥有一个京剧团，而且这个剧团还是部队文工团集体转业、有去过炮火纷飞的朝鲜战场慰问演出的光荣历史！由此开启了父亲及我们全家与广州京剧团长达几十年的友情。

自从父亲发现京剧团，我们姐弟三人也走上父亲儿时随父母听戏的老路。那时，京剧团每周日在文化公园都有日场演出，父母便找到周末最佳活动，几乎次次不落。特别是他们不辞辛苦地带着我们姐弟乘公交或乘三轮过海珠桥赶场看戏，给我们留下了难忘的印象和影响。所观赏过的剧目也带着童年的好奇刻印在心间。

京剧成了我们的中国历史、古典文学的启蒙老师。在我们有历史课之前、在能阅读四大名著等之前，通过京剧我们已经初识秦汉唐宋元明清、三国红楼、水浒西游、西厢白蛇牡丹亭等，通过京剧人物脸谱我们学会辨认忠奸良莠。每场演出的一两分钱一张介绍剧情和演员的说明书成了我们最初的宝贵的文学历史导读，我们姐弟把它们都认真积攒起来。可惜在那场浩劫中，这些童年记忆中用五颜六色的纸留下的珍贵"文献"都灰飞湮灭了。

多少年后，我在瑞士留学，一家木偶剧团的主人不能辨认台湾同学留下的旧木偶，请我过目，我一眼就看出是《白蛇传》的三个人物，而且我还详细地讲述了这个故事，从此与木偶剧团建立了良好关系。后来在法国巴黎，一家古老的茶叶店从19世纪初就与中国做生意，保留了很多那个时代的茶叶箱，箱子每一面都有一幅画，经过上百年依然栩栩如生。店里主人问我每幅画的典故，我很快就辨认出有三国戏、红楼戏、西厢记、封神演义等。那时我一面讲解，一面从心底不尽地感激父亲当年带我们去听戏，把这种传统文化教育深深烙在我们的心底。得益于这种听京剧练出的"童子功"，所获知识意外地在国外得以运用传播，竟然也为我这个历史工作者添分。

父亲不仅走出去听戏，而且也在校园里与一些志同道合的戏迷组织京剧演出，既请京剧团演员进来指导，也请广州一些票友来校切磋。当年校内蒋相泽教授、梁丽金（谢文通教授夫人）是票友中的骨干（演出过《西厢记》等），还有不少师生参与（不记得姓名，特别是一位出演过《西厢记》里的强盗孙飞虎）。最为难得和精彩的是父亲与郑真同、江静波、夏书章等教授居然也粉墨登场跑龙套，化妆成孙飞虎的四名士兵，胖乎乎的四位一上台就引起全场哄堂大笑！校外的票友更是吸引人，最有名的是珠影著名化妆师任奉仪女士，她嗓音甜美宽亮、扮相妩媚靓丽。她在校园演出的《四郎探母·坐宫》里的铁镜公主、《红娘》里的红娘（蒋相泽教授的张生、梁丽金的崔莺莺）等角色使我们这些在台下的孩子疑为天人！即便是我们的陈寅恪公公听罢她的清唱，也留下"凤声何意落人间"的赞美！从那时起她就成了我心中最美的偶像。我们两家（她先生是珠影著名美工师张云乔）成了莫逆之交。孩子们之间在父母离世之后依然保持亲密联系。

1957年4月，父亲和其他京剧戏迷们还把广州京剧团的团长傅祥麟，主要演员张淑云、孙艳琴、刘荫增等及任奉仪女士请到学校来，在工会教师之家联欢，并探望了陈寅恪老先生。主客们相聚甚欢，不仅留下合影，而且陈公公还留下"丁酉上巳前二日广州京剧团及票友来校清唱即赋三绝句"，以纪念这次难忘的相聚。难得的是与陈公公陈婆婆一起出来陪京剧团主要演员合影的还有中文系著名戏剧专家董每戡教授。我和小弟弟跟着妈妈无意间也见证了这个历史时刻。

父亲的书

这次，为了纪念父亲百年诞辰，我们向中山大学图书馆捐赠了在北京的、父亲留给我使用的书，四十多箱，大部分为历史书，还有他珍藏的从法国带回来的书籍，有青年时代助他学业成功的旧书，也有后来重返法国购买的心爱的实用书籍，更有名家赠送的宝贵签名书。

在整理这批书之时，我不能忘怀父亲 2006 年 11 月 28 日离京前在那几排书架前驻足，对我说："这些书你留着用。"不想这就是他留给我的最后的遗言。十几年来，母亲健在时，遵父亲遗志，陆续把父亲的部分法律书捐往中山大学。此后，有七年的空挡。这次是我决定在这个历史关键纪念时刻，把父亲留给我的大部分历史书赠送给他耕耘一辈子的中山大学。

在他北京的书房看到他的书，儿时的回忆时常浮上心头。那是我和父亲的书房之间的秘密。当年到岭南，我们住在九家村西南区 62 号，听说岭南才女冼玉清曾在此居住过，令我们倍感荣幸。在这座被瓜果花木围绕的小洋房里，父亲有个不大的书房，书架、桌面乃至地面堆满了书。每天晚上书房的灯会亮到半夜我们起夜时都不熄灭。我常常会悄悄地从透着亮光的门缝往里看，只看见爸爸坐在书桌前的背影，他在看什么或者在写什么。夏天只见他一只手扇着扇子，而背后汗水湿透背心，这个背影永远刻在我心中。那时年幼顽皮，白天爸爸不在家时，我不时会带着大弟弟偷偷地溜进书房，好奇地小心翻看各类我们不认识的书籍、看爸爸铺在桌面上的稿纸，心中充满敬畏，书房成了我的圣地。此后经年，我正是带着对父亲、对他的书房的崇拜走上学术研究的道路。

然而，在父亲被错划右派之后，家道陡然中落，不幸的是我正好身患重病。父母的窘境，我开始并不知晓。后来终于发现父母悄悄提着东西出门是去把书当废品卖，得到的钱给我治病。我痛彻心腑！这才知道我的命是爸爸用他最珍贵的书，甚至是从法国漂洋过海带回的书换来的！当年父亲回国，满腔热情想用他的知识报国，带回来大批书籍，甚至都没给母亲带回法国香水。然而到了难以为继之时，女儿的命重于一切。我知道父母恩重如山，无以报答，决心与命运抗争，期待有一天继承父业、为父争光。同时一定要为他买很多很多的书、为母亲买很多很多的法国香水。

终于，这一天到来！上世纪80年代初，受到中国社会科学院派遣，我第一次随两位前辈老师出国访问意大利并独自访问法国。那时爸爸尚未能重返巴黎，他得知消息后非常兴奋，想到的是我祖父、陈寅恪公公在天之灵会多么高兴！而我，第一句话就是问他你想要什么书，给我书单子。此后，我去欧洲留学、访问、调研无数次，从不忘给爸爸买书，给妈妈买法国香水！

今年继2010年再次赠书给中山大学，把父亲一生挚爱的书籍送回他命运起起落落的康乐园、在离他铜像不远的图书馆里陪伴他，我相信他会心满意足的。感谢图书馆善待父亲捐赠的所有书籍文件，每次都派专人北上迎运，给它们找到了最理想的归宿，也给端木家后人找到永不迷失的回家之路。

2020年10月1日于北京

永远的父亲

端木达

今年是父亲百年冥诞，父亲离开我们也已经十四年了，但我总觉得父亲没有走远，他就在我的身边，他在看着我，他的一点一滴总会浮现在我的脑海。

父母是在1951年底南下岭南大学的，当时我的姐姐六岁、哥哥四岁。七个月后，母亲在岭南大学的马应彪护养院生下了我。当时的护养院虽然小，但名医坐堂，科目齐全，为远离市区的康乐园的数千教职人员、家属及学生提供了良好的医疗保障。此后，父亲和我们一家在康乐园一起共同生活了五十五年，直至他离开，也是乘飞机回到广州，享受了最后的家庭温暖，于当晚安然离去。

2018年，我参加加拿大多伦多的岭南校友聚会，与一位1953年毕业的岭大农学院的学长相互介绍后，马上就说到当年的父母，我十分惊奇，跨系、跨六十余年没见过面，而她竟印象如此深刻。据她描述，父亲当年年轻、英俊、谈吐优雅风趣，对农科也能说上几句；母亲虽然挺着大肚子，却也不失优雅、高贵气质；父母天天手挽手去农学院买牛奶，顺便也散步。这位学长因为普通话说得好，所以父母和她聊得多，向她了解岭南风情以及学校情况。我出生以后，这位学长还抱过我。60余年后居然在海外相遇，堪称奇遇。

父亲来岭南的头六年，心情应该是相当不错的。虽然经历了院系调整，从岭南大学改为中山大学，因为取消了法律专业，改为到了历史系，但父亲因为留学法国，加上对世界史，特别是对法国史的兴趣和积累，到了历史系也得心应手。在陈序经、陈寅恪、刘节、岑仲勉、冼玉清、金应熙、钟一均、蒋相泽、李坚、陈锡祺、何肇发等一众师友的扶持下，教学相长，相当出色，还担任了历史系的代理系主任。

那些年，也给年幼的我留下许多愉快的记忆。每到周末，马应彪招待所都有工会组织的联欢晚会。招待所屋内有茶座，免费供应点心、饮料。招待所外的草坪上，有大概是仿苏式的集体舞活动，明月当空，江风习习，轻歌曼舞，我们一众小伙伴，屋里屋外来回嬉笑追逐，给我留下几十年的回忆。

父亲当年是这些娱乐活动的积极参与者。除了联欢晚会外，还参与工会的京剧小组活动，与一众好友轮流在各家吹拉弹唱，请广州京剧团的艺术家来学校联欢。陈寅恪先生是联欢活动的积极参与者，每次必到。在艺术家的指导下，中大的教授们还自己组织粉墨登场，在小礼堂多次演出，主角是梁丽金、甘少苏、蒋相泽，还有珠影的服装大师任奉仪。父亲和江静波、钟一均、郑曾同等大教授也都乐此不疲地跑龙套，这是多么令人难忘的一幕。

当时广州京剧团每周都有演出，父母经常会带着我去观赏，从小受熏陶，不觉间这一爱好也伴随了我一生。当年交通不便，我们听完戏经常是坐三轮车回家，过海珠桥、上前进路的斜坡，父亲都是跳下车，在后面推着母亲和我，我就向着父亲大喊"加油"。有好几次是父母带着我陪同陈寅恪先生和夫人一起去看戏，那就轻松许多了，有小轿车接送。陈老总是要拉我坐他腿上，父亲不许，只能靠着陈老的腿站着或蹲着。

除了听戏，父亲经常带着我去的就是书店了。父亲一生最爱的就是书。所买的书，他都在扉页上记上地点和购买日期。如果是友人赠送的，会记下赠予人和赠予日期。最近为了把父亲的书捐赠给图书馆，我费了近四个月时间整理收拾了一遍，发现父亲不论何时何地都有买书的习惯。他买得最早的是近八十年前读大学时买的书，还有在西南联大（昆明）时买的书，出国前在南京买的书，在法国留学时买的书，回国后在华北革大时期买的书，以及南下广东后参加司法改革时在汕头买的书。其中留存最多的是在康乐园西门对面的隆兴楼新华书店、永汉路（北京路）新华书店、东山新华书店买的书。

最令我感到不可思议的是，被下放到高明三洲村劳动期间他也买书。1969年下放到"五七干校"，在坪石天堂山、英德红桥镇那样的穷地方，那段只发少许生活费的困难时期，他都买书。那个时期最多的就是马恩列斯毛的著作单行本，父亲看这些书，总是把这些论著中有关法律、法国、欧洲以及拿破仑的段落，按页、行摘记在书后的空白页里。即使在那样前途渺茫的日子里，他仍然相信自己的专业能有用武的一天。看到这些，我真的流泪了，父亲在两个专业领域都能有所建树，都能得到尊重，是他毕生努力的结果，父亲是我一生的楷模。

　　1957年之后的二十余年，是年富力强的父亲最痛心疾首的一段时期。课堂进不了，被安置在资料室，但他仍不放弃，除了钻进书中继续积累知识外，还进行了大量的翻译工作。在母亲的协助下，联合几位同样处境的师友，在几年间翻译了数百万字的外国史料，以苏联的"大百科全书"为最多。我忘不了那些年，父亲在拥挤的卧室兼书房里，在昏暗的台灯下，整晚都在看书，或在翻译，不时点上一根劣质香烟，埋头在他的世界里。母亲则不时给父亲续上一杯浓茶，还拿把蒲扇在一旁不停地扇动。我们都养成习惯，这种时候从不会进屋打扰他们，这也让我们从小学会就自己解决学习问题，不需要父母操心辅导；完成作业后，自己也安静地看书。

　　上世纪60年代初，父亲的精神压力稍微减少了一点，却又有了吃不饱肚子的问题。当时姐姐患上重病，急需营养，父母每到周日就带着我，或辗转几次公交车到登峰村的自由市场，或步行一个多小时到赤岗自由市场，就为了买几个鸡蛋。在"工二饭堂"，父亲把买回来的几片肉都给我们吃，自己吃着青菜就双蒸饭、蕉头糕、蔗渣糕。为了增加肉食，父母还先后养鸡、养鸭和养兔子，因不会养，所以成活率很低，但总能有全家打牙祭的时候，也为我们增添了许多欢乐。

　　上世纪70年代中后期，父亲迎来了事业的又一春。随着历史学界的复苏，父亲先是到基层宣讲世界史，随后重新参与全国性的学术会议，再就是重新走上讲台，招收了第一批研究生。随着法学重新得到重视，父亲终于可以重操旧业了，学校安排他主持重建法律系。在这些阶段，我们一家还蜗居在原来集体宿舍的三间房中，在繁杂的环境中，父亲仍心情平静，旁若无人地埋头在书桌前，大量的专业著作和翻译著作都是在这期间产生的。

　　在那间约十平米的客厅、饭厅兼我的卧室里，父亲与校领导、师友和学生促膝交流、高谈阔论，接待外教外宾，也接待了近三十年没见面的、首次从海外回来的我的伯父伯母。对于各种对生活条件的询问，父亲一概坦言相告，但总强调，已经十几年没有正常工作了，现在只要能讲课，生活条件差点儿也会慢慢改善的。

上世纪 80 年代之后，父亲的社会活动越来越多。从区人大代表、常委到省人大代表、副主任，再到全国人大代表，从法律学系主任到香港特别行政区基本法起草委员会委员，再到国家最高人民法院副院长，并被国家推荐成为海牙常设仲裁法院的仲裁员。父亲扎实的基本功及想方设法吸收国际最新资讯和成果的信念，使他在法律相关的各个岗位都取得了斐然成就。

父亲多年来不断强调自己就是个"教书匠"，所以不管白天工作、会议和政务多么繁忙，晚上他总是埋头在三尺书桌前直到深夜。要到北京任职时，父亲的条件就是把户口和工作关系均留在中大，这样，他的一生就是中大人了。去北京的十六年，父亲每年回广州两次，或公事，或休假，他都坚持给学生们上课，进行论文辅导和答辩。他最开心的是老学生们邀请他的聚会，听着他们汇报工作情况和成就，听着他们高谈阔论国内外新闻，听着他们幸福地回忆在校往事趣事，他总是开心地笑着。随着年龄越来越大，父亲的听力也越来越差，总要我们大声向他重复，回家后还要再问细节，不断回味着与学生们在一起的幸福时光。

这二十余年，父亲因公去过许多地方。在最高人民法院任职期间，他每年都要去各地法院做调研，他的调研基本上只要是四级法院就都去，不但去省、市、区法院，连最基层的法庭都去了解情况，带去最高人民法院的问候。父亲每到一地，都尽可能地联系当地的中大毕业生，或是其他院校的毕业生，这些人大都在当地政法系统工作或当律师，通过与他们的聚会，了解各地法制建设和工作情况，为推进全国的法治建设建言献策，尽其最后的绵薄之力。

父亲一直强调自己就是一个"教书匠"，从不以"高干"自居，更不以"高干"谋利益。我多次亲眼所见，父亲拒绝了托办事情和写出国留学的推荐信所给他的"答谢"，还最少两次拒绝了"地板价"邀请买别墅。他多次对我们说："我只有'教书匠'这一个身份，你们决不可以在外面炫耀我的其他身份，更不可以利用这些身份。"其实我们从小就没感觉父亲的"身份"有什么"好处"，父亲的条件好了，我们也都有了自己的事业和生活，更没有利用"身份"的必要了；但是，父亲的正直、乐观、好学，是我们一生的楷模！

父亲一生平等待人，对任何人都不摆架子。在学校里，他对学生、青年教师、司机、工友都视为朋友，在路上碰到认识的人都亲切打招呼，大多都会驻足问候交谈，在任何时候任何单位都赢得好口碑。在粮食困难的时候，厨房工友给我们家送番薯。从干校回广州的途中，司机冒着沿途检查的风险，给我们带来铁锅和家禽等当时的禁运品。当年的年轻教师，现在见到我们还不断回忆父亲当年对他们的指导和关心。当年的学生，现在见到我们还不断地回忆当年来我们家过年的情景，还有来我们家用洗衣机洗大件物品的趣事。父亲言传身教，让平等待人的理念影响我们一生。

父亲是一个穆斯林，对民族宗教事业也尽其所能。50年代后期，他的时间多了，他就研读《古兰经》，虚心向老一辈宗教职业者请教，同时，还积极参与广州伊斯兰教组织的建立和活动。以后的日子里，尽管越来越忙，但他还坚持参加伊斯兰教的重大节日活动；每次从北京回来，他都要与广州伊斯兰教界人士聚会。在那个特殊年代，广州的穆斯林朋友给了父亲很大的关怀和帮助。对于这一点，父亲是经常挂在嘴边的。

2006年11月27日，那是个难忘的日子。父亲在北京完成体检并休息了一个月后，终于按往年一样回到广州。为了迎接父母，我将客厅的家具换了新的，把他收藏的字画装裱后，挂在了客厅里。父亲很高兴，在送走接机的友人后，在客厅欣赏了一番，就上床小憩一下。此时，在外地的哥哥刚好有活动，也提前回家看望父母，还带来了他出游时给父母买的羊毛拖鞋，给躺在床上的父亲试了试，很适合父亲，父亲也很满意。一切是那么的温馨与祥和。一家人高高兴兴地吃过晚饭，父亲照例看了新闻，听了一出京剧，回书房拆阅了寄来家里的书信，便洗澡上床。一个小时后，父亲感到胸口不舒服，母亲给他服了药，没见缓解。母亲过来叫醒我们，让我准备送医院，我过来进入父母房间，父亲已起床自己上厕所出来，他见到我就说："怎么把你叫醒了，没事儿的，赶紧休息吧。"没想到，这竟是父亲留给我的最后一句话，充满了对我的爱。父亲躺下后，逐渐显现焦躁不安，我扶着他再服用了急救药，马上打了120，让爱人和母亲守着，我去学校门口接救护车。等医护人员赶到，马上检查抢救，但已无力回天，很快便宣告抢救无效，父亲顺主归真了。

父亲的后事是按穆斯林的习俗办的。在归真后的三十六小时内，一切安排妥当，最高人民法院和广东省的领导到家里慰问并参加殡礼。殡礼在千年古寺——广州怀圣清真寺举行，先是由最高人民法院领导致悼词，接着按穆斯林习俗举行"赞者罗"。在有关部门的特殊安排下，浩荡的车队快速穿过市区繁华的街道来到广州回族坟场，一切顺利完成。

父亲归真八个月后，由父亲的学生们捐赠的、雕塑大师梁明诚先生亲自制作的父亲半身铜像，在我们居住了十七年的中大马岗顶旧居前落成了。父亲又可以面对他最喜欢的图书馆，见着他日夜牵挂的学生们从身边、从面前经过，看着他工作和生活了五十多年的康乐园日复一日、蒸蒸日上。他笑了，露出了幸福的微笑。

爷爷诞辰百年随笔

端木时

时光荏苒，岁月如梭。转眼间爷爷离开我们已经 14 年。这 14 年间，我敬爱的奶奶、外婆和外公也先后离我们而去。祖辈们逝去，家中又迎来新一辈的到来。我的儿女、侄甥们也先后加入到了大家庭当中。看着孩子们慢慢成长，总会不时想起自己像他们一样大的时候，庇荫于祖辈们身边的快乐无忧的童年。尽管明白祖辈们离开的日子总会如期到来，但当那个时刻来临的时候，心中还是不免感慨岁月不饶人。时间的推进不以人的意志为转移，我们只能不舍而坚强地与祖辈告别，接受生命的更新换代。

生活中的印记

在过去的这些年中，生活中的点点滴滴总不时唤起我对爷爷、奶奶的回忆：

记得爷爷去世后那两年，还在美国攻读研究生的我常在校园公交车上见到一位年迈的老教授。老教授耷拉着眼角，步履蹒跚，脸上依旧带着一种优雅、庄严，还有几分慈祥的神情。看到他总使我不禁地思念起爷爷，不自觉地不断远望着这位老教授，去捕捉和回忆爷爷那份熟悉的感觉……

随后几年，女儿、儿子先后出生，我给他们唱的第一首摇篮曲是勃拉姆斯的《摇篮曲》："小宝贝，快快睡，窗外天已黑……"这首小时候爷爷奶奶在我耳边常常吟唱的摇篮曲，多年后依旧印记在我的脑海中。每当我将小宝贝们搂在怀中，爷爷奶奶留给我的这个熟悉的旋律总是能脱口而出。这么多年，这首歌也成为每天儿女们睡前我的必唱曲目。相信等他们成家有了自己的儿女，他们也会继续给后代传唱太爷爷太奶奶教给爸爸的这首摇篮曲。

我小时候常和爷爷下棋打牌，从中国象棋到"排七""潜乌龟"，爷爷都会抽时间陪我玩。几十年过去，下棋打牌已经被不同的电子娱乐所取代，但我坚持像爷爷当年一样，常和儿女下象棋，玩当年同样的扑克牌游戏。犹记得最后一次与爷爷下象棋，那是我参加工作后，一次全家拜祭太爷爷。拜祭完我们陪着爷爷奶奶在广州兰圃歇息。那里碰巧有桌子摆着象棋，于是好久没有跟爷爷下棋的我又像小时候一样与爷爷对上一局。棋局以平局和气收场，爷爷露出了很开怀又略带孩子气的笑容。也许爷爷是回忆起孙子小时候下棋的情景吧，也许是欣慰孙子已长大成人，又也许是在开心自己老来下棋还不输孙子。这最后一次下棋的珍贵一幕至今还很清晰地萦绕在我脑海。

咱们家有一道经典的早餐——西红柿煎鸡蛋饼，这是不常下厨的爷爷爱给家人做的拿手菜。现在爸爸和我也时常会给儿女们还原这份记忆中的温暖和味道。色彩诱人又营养丰富的西红柿鸡蛋饼，小朋友们可喜欢了！记得奶奶说这还是爷爷在西南联大时，偷师校门口一位煎饼大婶的绝活。爷爷经常回忆，当时在物质匮乏的大西南，这可是一顿美味。前些年，观看纪念清华大学百年拍摄的电影《无问西东》，其中就有西南联大时期的场景。因为有了爷爷小时候给我回顾西南联大的所见所闻，看着电影我感觉格外亲切，同时也得以从不同角度更多地了解爷爷所处的那段时期的人和事。

两年前回国探亲途经法国，我们决定到爷爷读博士的城市巴黎走走。从小就不断听爷爷分享留学经历，但那还是我第一次踏足爷爷曾经留学的地方。因为这层关系，一直对法国、对巴黎有这一种莫名的亲切感。当表弟带着我踏足巴黎大学斑驳的大门前，仰望爷爷曾经住过的小旅馆阳台，当我徜徉在巴黎的大街小巷中，心中不禁泛起对爷爷的种种回忆，脑海中不断地想象着爷爷年轻时在此生活和努力攻读的画面。两年读完一个法学博士学位，爷爷当时是怎样的刻苦专注啊！看见我在这些陌生的地方兴奋地拍照，儿女好奇地问我为什么要在这里照相。我告诉他们，这是你们太爷爷七十年前在法国读书生活过的地方。年幼的他们可能并不完全理解我兴奋的心情，但他们一定感受到我对爷爷的尊敬和怀念。从小就崇敬爷爷的我，终于可以追寻他走过的足迹，用他给我讲述过的一段段经历串起对爷爷的丰富追忆。一切言犹在耳，只是斯人已逝。

读　书

从出生起我就在爷爷奶奶身边长大，自幼深受他们爱护与言传身教，所以在生活与成长的道路上也烙下了许多他们的影响。他们对我的言传身教也塑造了我对孩子的教育观。

爷爷从小就教育我们要爱读书多读书。他一直喜欢买书读书，自己就是最好的楷模。家里有一整幅墙的书橱存放着爷爷的书籍，其中许多书还是爷爷求学时期留下来的，泛黄的书页记载着几十年的历史。爷爷也非常爱护书，多旧的书也不舍得随意丢弃。爷爷有个习惯，白天经常在书桌前翻看书籍，晚饭后他小憩一下再起来，夜深人静的时候又继续读书。我想就是这样的习惯造就了爷爷坚实的学术基础和渊博的知识体系。

还记得互联网开始流行的时候，年少的我也曾沉迷于网上冲浪，浏览网上的快餐知识。爷爷有一次跟我聊天，提醒我要避免太过沉迷于互联网，要勤读书，用心读书；爷爷教导从书籍中获取的知识是最有用的，只有读透一本书，知识才是自己的。所以到现在，我读书时，有时候会情不自禁地想拿起手机看看，但脑海中总会浮现起爷爷的教诲，于是又默默地放下手机继续专心读书。

受爷爷影响，从儿女们婴孩时候，我就坚持每晚睡觉前给他们念书。这习惯一直坚持到他们长大，能自己读比较多文字的书了才慢慢停下来。每次带儿女外出，我们都鼓励他们带上喜爱的书。书籍给他们带来了快乐和满足，也自然而然使他们不受手机或平板电脑诱惑。日子有功，现在儿女也养成了爱读书的好习惯，每次到图书馆总会搬一大堆的书回家；每次出门也自觉带上一两本书，随手阅读。早上起来、放学回家、用餐后，他们会习惯地坐下，拿起书本阅读。我想，如果太爷爷看到他们对读书的热爱和对知识的追求，也必会十分欣慰。

做　人

爷爷自称"教书匠"，不过除了读书习惯，爷爷从不过问我们的学习情况、成绩如何等等。他更多关注的是我们的做人处事和生活作风。譬如在饭桌上就要有好的用餐习惯和礼节，不可以浪费粮食，不要狼吞虎咽，等等。当我的孩子过了婴儿期，加入父母一起在饭桌吃饭的时候，我延续了小时候爷爷在饭桌上给我立的规矩。无规矩不成方圆，习惯还是要从小养成。所以我要求他们一定进餐完毕跟父母打声招呼才能离开饭桌。有时因为他们年纪小，会闹情绪想离开饭桌，或者有时吃饭慢慢吞吞，我都会坚持原则，鼓励他们把饭菜吃完才离开饭桌去做其他的事情。久而久之，这也帮助他们养成了良好的进餐习惯，不浪费粮食，自觉吃完最后一口才离开饭桌。

还记得有一次跟家里人谈论乘坐飞机，我开玩笑说了一句啥时候我也坐个飞机头等舱试试。一般很少批评我的爷爷突然很严肃地跟我说，别老想这些虚的东西，做人要踏踏实实，勤俭节约，这种无谓的享受，就算有钱也没必要去体验。在如今物质高度丰富的社会，爷爷的这次教育一直对我是个警戒，使我不时反省有没有把时间、精力或金钱花在不必要的追求上面。对孩子，我和太太也是把金钱更多地花费在对他们兴趣爱好的培养，衣物用品够用舒适就好；比起物质的追求，我们更注重培养孩子在精神世界的富足。

现在的我很多时候被笑话在手机上发信息打字慢，一部分原因在于我尊重谈话，斟酌遣词造句，不希望因为贪图快捷而出现不必要的错误和误会。这种习惯其实来源于从小受到爷爷做事一丝不苟态度的潜移默化。印象中看爷爷批改学生作业，连错别字和错的标点符号都逐一标识出来；看书如果发现有错别字，他也会圈出来。所以我也秉承了爷爷做事认真严谨的态度，即使是用手机发个信息，也不自觉地会认真对待。所谓言传身教，我也经常省察自己的言行举止，以希望影响孩子形成正确积极的做人态度。

健　康

这个观点直接明了，爷爷对家中晚辈强调得最多的就是身体健康。学问做得再高，没有强健的体魄做支撑也难以持续。我们几个孙辈都爱好体育运动。有次跟我的孩子们提起以前上学每天都会做广播体操，我跟他们比划广播体操的动作，脑海中浮现的却是小时候透过窗户看到爷爷在院子中做着广播体操的

熟悉身影。我们也坚持培养孩子对体育运动的兴趣，带动他们对运动的热爱，激励孩子们坚持不懈。前些日子，他们因为新冠疫情不能回校上学，尽管每天留在家中学习，孩子们也受我们的鼓励，每天抽出两个时间段进行运动。我和太太也经常带着他们在社区中跑步，去郊外远足。今年经历这个特殊时期，让我更加意识到坚持运动、保持健康体魄的重要性。这也与爷爷早年给我的人生观埋下注重健康的种子不谋而合。

如果爷爷还在世……

爷爷的晚年比较少话语，那时的我也习惯了他这样子。可是现在想想挺后悔那时候没有拉着爷爷多聊聊他的故事。如果爷爷现在还在世，我最想跟他做的事情是就是倾听他经历过的历史，分享他的感受。今年是爷爷诞辰一百周年，爷爷的百年人生是动荡的但也是丰富的百年。他们这一辈人的人生就是中国现代史的缩影。爷爷出生后，经历了军阀势力割据的北洋政府时期，到后来的国民政府时期的国共纷争，再后来的抗日战争和解放战争。然后他去到"二战"后的欧洲又见证了欧洲战后的复苏，这之后又经历了新中国的一系列社会发展，在晚年终于迎来了中国的改革开放和蓬勃发展的日子。爷爷一生可谓动荡起伏，阅历丰富。如果能更多地跟爷爷聊聊过去，聊聊人生，相信所聊所想写下来一定可以写成一本内容精彩的历史书，并于当中提供宝贵的历史经验。尤其在当今世界国家间关系比较动荡的今天，我总会在想作为国际法专家的爷爷会有什么看法。但这也只能是如果了。其实爷爷已经给我们留下了一笔丰厚的精神财富，我将会把这些精神财富延续给我的下一代，薪火相传。

大事年表

1920 年	7 月 17 日，端木正先生在北京出生。
1923 年	先生 3 岁，母亲每日"授字块四个，定时上课，先温习已识字块，每日再加认四个生字"。
1925 年	先生 5 岁，与大哥端木中一起在北京东城第十八小学（府学胡同小学）读书。
1928 年	先生随父移居南京，转入南京夫子庙小学就读，并在该校毕业。
1931 年	先生升入在南京的安徽中学初中部。
1934 年	先生进入南京金陵大学附中高中。先生受时代风气感召，痛感现实黑暗，追求进步，参与了中共外围组织南京学联的一系列革命活动，还曾参演话剧《放下你的鞭子》等。
1937 年	5 月，因当局搜出南京学联负责人名单，先生等七人被国民党逮捕，后被家人保释。 6 月，先生高中毕业。

注：节选自赵晓雁、陆键东：《端木正教授年表》，出自王振民主编《鸿迹——纪念法学家端木正教授》，第 264 ～ 281 页，清华大学出版社 2011 年版。

7月，赴上海参加北平高校在沪分设的考场考试。

先生志向本在清华大学，然"七七事变"，日寇全面侵华，清华入学考试不能如期进行，先生只得投考燕京大学，为该校新闻系录取，复借读于武汉大学。又因武汉大学无新闻系，遂转读政治系。

1940年　继续在武汉大学读书。下半年，先生因参加进步活动又被国民党特务逮捕。后由其父保释出狱，居家半年。

1941年　本年上学期先生复学，后通过武汉大学的毕业考试。

1942年　因1941年居家期间尚有学科未修完，本年先生还留在武汉大学，将有关学分课程顺延补读，并领到毕业文凭。

1943年　本年先生考入清华大学研究院法科研究所，成为该所国际法组研究生，师从邵循恪、张奚若、陈序经等教授。

1945年　1月，先生与四川籍小姐姜凝结为秦晋之好。姜凝生于1926年7月，时居昆明。自此之后，姜凝老师相夫教子，与先生同甘共苦。

1946年　4月7日，先生在重庆《国民公报》发表《职业的与非职业的外交官》。是年夏天，先生通过了政府公开招考的公费赴法国留学的考试，取得留学资格。因当时赴法公派旅费未有着落，先生与同批留法学生皆未能在本年成行。

1947年　6月，先生以毕业论文《中国与中立法》获清华大学研究院法学硕士学位，并留校任教。

11月，先生在《观察》周刊第三卷第十六期发表《中国能永久中立化么？——附带讨论朝鲜永久中立问题》。

1948 年
6月，先生在上海乘海轮"盎特莱蓬"号（paquebot ANDRE LEBON）远渡重洋，前往法国。
8月，抵达马赛，旋赴里昂，在里昂中法大学强化法语学习。
10月，赴巴黎大学注册，攻读国际法专业博士学位

1950 年
6月，先生毕业于法国巴黎大学，获法学博士学位，其学位论文是《论国籍在国际法院组成和运用上的重要性》。

1951 年
本年，先生再获巴黎大学高级国际研究所毕业文凭，毕业论文是《中国海上捕获法》。
5月，先生从法国返归中国。应岭南大学校长陈序经先生所邀，任教该校历史政治学系，职级为副教授，随后担任该系代理系主任。

1952 年
本年，全国高等学校进行院系调整，私立岭南大学与中山大学合并为新的中山大学。又因全国旧制大学法学专业大部分遭撤销，中山大学原有法律学系与原政治学系合并而成政法学系。故本年先生转入中山大学新设立的政法学系任副教授。
本年夏秋间，先生参加了广东地区的司法改革运动。
本年，先生根据法国《人道报》的一篇评论，节译《法国殖民地在摩洛哥的罪行》一文，发表在《世界知识》1952年第15期上。

1953年

本年，全国各高等学校绝大部分的法学专业，或被停办或被合并归入少数几个专门的政法院校。

4月，新建不到一年的中山大学政法学系被撤销，部分教师或调入武汉大学、或支援新办的中南政法学院。先生遂转到历史学系，主要讲授法国史、世界历史等课程，成为历史学系副教授。

本年3月，先生在中山大学加入中国民主同盟。

1954年

12月，先生在4日出版的《中山大学周报》上发表《世界史科学研究工作的几点体会》。

1956年

本年，先生第一部翻译著作《法国革命（1789—1799）》（[法]索布尔著）由三联书店出版发行。该著作成为我国高校历史系的重要参考书，流布甚广。

9月1日，先生在《广州日报》"国际评论"专栏发表评论《伦敦会议的成功和失败》。

10月12日，先生在《广州日报》发表《从历史上看广州回民的重要性》。

11月，在《文史译丛》第2期上发表译自俄文的《一九一八年德国十一月资产阶级革命》（[德]乌布利希著）。

本年，先生参与三联书店出版的"苏联大百科全书"俄文版的"凡尔赛——华盛顿体系"选译工作，译有"巴黎和会、凡尔赛和约、华盛顿会议"；"世界大战"中选译"第一次世界大战"。

1957年

先生在"整风运动"中被认定为"右派分子"。当年9月新学期开学，先生即被剥夺授课资格。

本年，在《中山大学学报》（社会科学版）第2期上发表《世界现代史分期问题》。

在《史学译丛》第2期发表法国波贝安氏《评价索布尔〈法国革命（1789—1799）〉》的译文。

本年，继续进行三联书店"苏联大百科全书"的选译工作，有3种与人合译本出版。

1958年　4月，先生被划为"右派分子"，连降三级，由副教授降为讲师。

同月，先生与其他右派分子被下放广东省高明县劳动改造。

是年，与王正宪、郭威白、蒋相泽等合译《比利时、卢森堡》（"苏联大百科全书"选译），由商务印书馆出版。

1959年　7月，"高明劳动"结束，先生返归中山大学历史系，被安排到系资料室工作。

本年，与王正宪、郭威白、蒋相泽等合译的《荷兰》、与姜凝等合译的《法兰西》（"苏联大百科全书"选译），在商务印书馆出版。

1960年　被允许参加历史系世界史教研室编译的《世界近代史参考资料选集》的翻译工作。该"选集"第一辑在本年由学校印行，第二辑则在1964年刊布。

1961年　本年，先生在外语系开设"英美概况""法国概况"等课程，甚受外语系学生的欢迎。先生在外语系授课一授四年，直到1965年结束。

11月，先生在"全国贯彻第三次摘掉已改造好的右派分子的右派帽子"的政策下，终于被摘掉右派帽子，先生由资料室重返历史系世界史教研室工作，重拾史学专业教鞭。

1963年　在《广东文史资料》第八辑发表《关于杨枢二三事》。

1964年　继续参加系里译著工作。是年，蒋相泽主编，由邓文才、端木正等编译的《世界通史资料选辑（近代部分）》（上、下册），在商务印书馆出版。该书以后多次重印。

1969年　本年先生在广东英德、乐昌"五七干校"劳动。

1972年　"干校"劳动结束，先生重返中山大学历史学系教书，并参加编写《世界简史》一书。该书于1974年12月由广东人民出版社出版。

1977年　本年，先生应商务印书馆所请，在中山大学外语系组织《拿破仑时代》下册（［法］乔治·勒费弗尔著）一书的翻译。

1978年　5月，先生赴杭州参加杭州大学历史学系举办的校庆学术讨论会，研讨关于拿破仑评价的问题。

10月，参加上海金山会议，与国内法国史专家共同筹备成立中国法国史研究会。

本年，先生在《世界历史》第1期发表《评〈拿破仑〉》。

在《法国史通讯》第1期发表《关于法国督政府研究的近况》，同期，发表译文《评价阿·曼弗列德的〈拿破仑·波拿巴〉》（［德］瓦·马尔科夫）。

在《历史研究》第6期发表《近年来国外拿破仑史学的一些动态》。

本年，商务印书馆出版发行《拿破仑时代》上、下册（［法］乔治·

勒费弗尔著），先生负总校对之责。

本年，与吴机鹏、蒋相泽合编《世界近代史参考资料选集》，由中山大学刊印。

1979年

自本年起，先生招收法国史硕士研究生，先后开设"法国大革命史""现代法国史"等专业课程。先生在中山大学历史系的教学工作延至1982年。

4月，北京大学张芝联教授出访欧洲，延请先生前往北京大学代为授课。先生在北京大学先后作了有关法国史研究的系列报告，涉及法国宪法、法国大革命、拿破仑等专题。

8月30日，中国法国史研究会在哈尔滨正式成立，在第一届年会上，先生当选为研究会副会长兼秘书长。

1980年

本年，先生60岁。

本年，中山大学复办法律学系。先生被学校委以筹备恢复中山大学法律学系的重任，并被任命为首任法律学系主任。

本年起，由先生所倡，中山大学法律学系与广东省高级人民法院、广州市中级人民法院合作办班，培训司法干部，两年一期，到1990年共举办了5期，为粤北、海南、广州等地区培养了一批合格的法官。

本年，先生继续任历史学系法国史研究生指导导师。

6月，先生与学校另外六名校工、学生候选人，当选海珠区第七届人民代表大会代表，此为改革开放后基层人大代表的第一次普选。

9月，在刚复办的法律学系接待来访的日本代表团。

10月，在杭州参加法国史研究会第二届年会，讨论巴黎公社等主

题，并为青年会员开办讲习班。

本年，先生在《武汉大学学报》（社会科学版）第 1 期发表《巴贝夫研究的演进》。

在《历史研究》第 5 期发表《一部新出的拿破仑传记——评价让·蒂拉尔的〈拿破仑〉》。

在《世界历史译丛》第 4 期发表译文《拿破仑与巴贝夫派》（［苏］达林著）。

在《世界历史》第 6 期发表《法国的史学杂志》。

1981 年　7 月 20 日，在中山大学接待来讲学的美国参议员狄尔恩博士。

8 月 25 日，先生赴上海与《法国革命（1789—1799）》作者索布尔（1914—1982）会面，这是先生平生第一次见索布尔。

本年，在《世界历史》第 4 期发表《阿尔贝·索布尔对法国革命史研究的贡献》（与北京大学教授张芝联合撰）。

在《世界知识》第 11 期发表《银幕上的'拿破仑'》。

1982 年　本年，先生首次招收国际公法研究生四名，专门开设"国际法发展史""条约法"等课程。

此后 10 多年内先生亲自指导培养的研究生有 30 多名，亲自讲授"国际法""条约法""国际法发展史"等课程。

本年，先生在北京参加中国国际法学会举办的"国际法统编教材研讨会"，作了题为《国际法发展史的几个问题》的报告。

8 月，参加在中央党校举行的法国史研究会第三届年会，会上先生就法国革命中制宪问题作专题报告。

9 月 19 日，接待印度律师代表团。

本年，先生指导的两名法国史专业研究生毕业，由是先生在历史学系的教学任务全部结束。

本年，在《广东司法》第1期发表《必须重视法学教育和法学研究》。

在《法国史通讯》第6期发表《法国大革命和宪法》。

在12月11日《羊城晚报》上发表《体现人民意志的新宪法》。

本年，撰《我们与香港律师协助办理业务的一些情况和体会》（与人合写），收入《律师参与涉外经济业务经验和资料汇编》。

1983年

3月，在北京参加"国际法讲习班"。

6月，访问香港。

9月底至12月，先生回到阔别32年的法国，在巴黎第二大学讲学并重访旧友、结交新朋。

本年，先生在《历史研究》第2期发表《富有年鉴学派特色的〈旧制度法国历史词典〉》；

在《广东盟讯》第3期发表《体现人民意志的新宪法》。

1984年

3月至4月，先生赴美国西南大学进行学术访问。

10月至11月，先生邀请国际著名国际法学专家、法国国际学会会长苏珊·巴丝蒂来中山大学讲学五周。巴丝蒂教授回国后，先生继续讲授她未讲完的课程，直到该学期结束。

自本年起，先生任全国自学高考法律专业委员会副主任，直至1996年。本年先生还主持编撰《国际法全国自学考试大纲》和《国际法》自学考试教材。

本年，先生当选中国民主同盟中山大学总支部主委。

4月，撰写《中山大学法律学系一九八〇级纪念册序》。

11月，发表《"多文化世界中国际法的前途"学术讨论会综述》及书评《法国国际法年刊》，均刊于1984年《中国国际法年刊》。

12月，发表《参加复办中大法律学系的一些体会》，收入《民盟广东省盟员为四化建设和祖国统一服务先进代表经验交流会专刊》。

是年，《法国革命史的研究在中国》一文辑入《法国史论文集》。

1985年

4月底，先生在宁波主持《法国大革命词典》编委会会议，讨论词典词条。

6月，在中大接待来访的美国西南大学法学教授。

本年，全国人大决定成立香港特别行政区基本法起草委员会。

6月18日，先生被全国人大常委会任命为香港特别行政区基本法起草委员会委员。该委员会由59人组成，分中央和特别行政区关系小组、居民权利义务小组、政治体制小组、经济小组、社会文化事务小组。先生分在政治体制小组。

本年，在中大开办"香港商法讲习班"。

本年，先生在《中山大学学报》（哲学社会科学版）第1期发表译文《外国人的地位与国际法》（该文为苏珊·巴丝蒂于1984年10月29日在广东省法学会上的演讲稿，经先生整理译出）。

在《法国研究》第3期上发表《读刘述先著〈马尔劳与中国〉》。

在《广东法制》第4期上发表《政法工作者应带头推广普通话》。

在《经济与法律》创刊号发表《加强国外思想交流 增进友谊共促繁荣》。

为李斐南编注的《法学英语》一书作序。

1986年

本年，先生继续主持《法国大革命史词典》的编写。该书的撰稿者俱为当代中国法国史研究名家。

春，与香港特别行政区基本法起草委员会委员们赴昆明开会，重访西南联大旧址。

9月初，在广州接待法国法学教授欧柏蒂先生。

9月中，先生赴香港参加香港特别行政区基本法起草委员会工作。

9月23日，在香港树仁书院作报告。

10月至12月，先生应邀赴瑞士洛桑比较法研究所、弗里堡大学、日内瓦大学以及法国巴黎第二大学讲学。

本年，在《珠海特区调研》第2期发表《经济特区要进一步加强法制建设》。

在《法国研究》第3期发表《雅·米·扎赫尔和他的〈忿激派运动〉》。

在《广东社会科学》第4期发表《运用法律手段 开拓技术市场》（与程信和合写）。

在《港澳经济》第12期发表《中国第一部有关公司的立法》（与程信和合写）。

为程信和编著的《经济法常识》作序。

为姚栋华编著的《合同法案例选释》作序。

本年，先生入选法国出版的《法语世界名人录年鉴（1986—1987）》。

1987年　　本年，先生创办中山大学法学研究所并兼任首任所长。

本年夏，中国法国史研究会在青岛举行第五届年会，先生与会，被选为该会名誉会长，并在该会主办的世界近代史讲习班上授课。

本年，先生再次当选海珠区人大代表。

11月，在广州接待来自瑞士的法学教授马尔科夫。

本年，在《历史大观园》第7期发表《关于〈马赛曲〉在中国的历史》。

在《公安科技情报》上发表《运用法律武器来保障社会安全和发展保险事业》。

1988 年

5 月，先生在贵阳主持《法国大革命词典》编委会会议，审阅和修改词典初稿。

10 月，先生应罗马大学法学院国际研究所邀请，偕夫人赴意大利讲学一个月。

10 月 20 日，应意大利全国仲裁协会邀请，参加该会 50 周年学术讨论会。

11 月 2 日，应法国巴黎第二大学邀请重返该校访问，再次见到老师苏珊·巴丝蒂教授。11 月 5 日，应政治学学院与巴黎律师公会邀请，作"中国经济特区立法"的报告。

从本年起至 1997 年，先生先后当选为全国人大第七、第八届代表。

从本年起至 1990 年，先生任广东省第七届人大常委会副主任。

从本年起至 1997 年，先生当选为民盟广东省委主委、中央常委。1997 年至今任民盟广东省委名誉主委。

是年，发表《新中国的经济立法》，收入《法学文集》（第一集）。

在《广东盟讯》第 8 期发表《教师节感言》。

1989 年

3 月 14 日，在北京参加纪念法国大革命 200 周年学术研讨会，与时任巴黎大学法国革命研究所所长米歇尔·沃维尔教授会晤。

本年，为纪念法国大革命 200 周年，由先生主编的《法国大革命史词典》在中山大学出版社出版。该书为中国第一部法国史工具书。

本年，先生主编的《国际法》一书由北京大学出版社出版。

本年，在《广东社会科学》第 3 期发表《评价〈巴黎公社与中国〉》。

在《世界史研究动态》第 7 期发表《法国大革命时期的宪法——中外史学家近年的一些看法》。

在《群言》第9期发表《论提高人民代表的素质》。

在《中山大学校报》（复）第186期发表《纪念姜立夫先生 学习姜立夫先生》。

在《世界史研究动态》第4期发表《颇具新意的人物合传——评〈法国大革命著名政治活动家〉》。

为李开云主编的《中国涉外经济法教程》作序。

为程信和、陈文椿主编的《企业法制通论》作序。

为广东省检察学会编《香港经济法律》作序。

为《广东经济特区涉外经济法研究》作序。

1990年

本年，先生70岁。

2月，在北京参加香港特别行政区基本法起草委员会第九次大会。

4月，在北京参加全国人大七届三次会议。

9月，先生被第七届全国人大常委会任命为最高人民法院副院长和审判委员会委员。

10月，先生进京就任最高人民法院副院长，主管交通庭和对外交流的有关活动。

本年，在2月27日《人民政协报》发表《民主协商，实现"一国两制"的构想》。

在《港澳经济》第4期发表《加深认识和维护香港基本法》。

在《清华校友通讯》丛书复21册发表《忆张奚若教授》。

在香港中国文化馆出版的《我的母亲》新二辑中发表《我的母亲》。

在《群言》第6期发表《执法必须"一刀切"》。

在《广雅通讯》第6期发表《罗应荣事略》。

为伍天章、邓坤金所著《法律基础与卫生法教程》作序。

为《陈序经东南亚古史研究合集》作序。

为黎学玲、程信和编著的《经济特区法教程》作序。

本年,《中国大百科全书·外国历史》出版,书中的巴贝夫、白里安、法国宪法等六个条目由先生撰写。

1991年

4月,先生应泰国司法部邀请,率最高人民法院代表团赴该国进行友好访问。

6月,主持召开福建、广东、上海三省市法院涉台案件座谈会。

8月10日,参加北京大学和香港树仁学院合办法律专业文凭及学位教育首届毕业典礼。

9月12日,出席中国高级法官培训中心培训班第一期开学典礼。

9月,先生任中国国际法学会副会长。

10月6—11日,先生率中国代表团赴西班牙巴塞罗那出席第十五届世界法律大会。

10月18日,出席在济南召开的全国外国法制史学术研讨会。

本年,在《学习与辅导》第1期发表《重要的问题,还是学习》。

在《世界历史》第3期上发表《重视学习巴黎公社史》。

在《统战群英》一书中发表《维护国家利益 支持"两航"起义——端木杰传略》。

为刘福初编著的《中国刑法适用大全》作序。

与江振良合编《广东经济特区涉外经济法研究》,由中国政法大学出版社出版。

与陈致中合编《国际法自学考试指南》,由北京大学出版社出版。

1992年

2月25日,出席全国对外经济贸易法律工作会议;下午会见法国公共行政国际学院院长米歇尔一行。

4月4日,出席纪念《香港特别行政区基本法》颁布两周年座谈会。

4月13日，会见法国法中经济法协会主席萨戈。

5月6日，会见并宴请香港高等法院首席按察司杨铁梁一行。

7月，先生视察大连海事法院。

8月，应邀出访蒙古国，回国后顺道视察内蒙古自治区内的地方法院。

9月初，出席在尼日利亚召开的第六届国际上诉法院法官会议，途经巴黎，最后一次拜见其法国老师苏珊·巴丝蒂（于1995年去世）。

9月19日，迎接来访的国际奥委会委员、塞内加尔立宪委员会主席姆巴耶一行。

11月12日，宴请蒙古国最高法院第一副院长策论道尔吉一行。

本年，在《中国法学》第1期发表《在中国法学会座谈会上的发言》。

在《群言》第1期发表《七年之病 求三年之艾》。

在《法律学习与研究》第1期发表《在改革开放中进一步推进地方性立法》。在《群言》第5期发表《巴塞罗那散记》。

在《群言》第6期发表《加强人民代表大会制度 促进改革开放》。

在《群言》第8期发表《姓名与文化》（笔名文从庸）。

在10月15日《人民法院报》发表《出访随感》。

为辛业江主编的《中国经济合同法律适用大全》作序。

1993年

本年，中国恢复设在荷兰海牙的常设仲裁法院的活动，先生成为新中国指派的首批四名仲裁员中最年轻的一位，并连任至去世。

4月下旬，视察浙江绍兴、宁波等基层法院。

5月，应土耳其上诉法院第一院长伊斯曼特·奥加克亚奥卢的邀请，代表任建新院长出席土耳其上诉法院成立125周年纪念活动。

7月29日，参加全国高级人民法院院长座谈会。

10月13日，在珠海接待保加利亚最高法院客人。

10月24至29日，先生赴菲律宾出席第十六届世界法律大会。

12月，任中国辛亥革命研究会顾问。

本年，在《群言》第8期发表《斥拜金主义》。

在《岭南校友》（11月10日出版）上发表《善于团结知识分子的陈序经校长》。

在《群言》第12期发表《反腐败与加强法治》。

在《中国国际法年刊》发表《沉痛悼念夏尔·卢梭教授》和《第十五届、第十六届世界法律大会》。

为《王铁崖文选》作序。

为金正佳、翁子明著《中国海事审判的理论与实践》作序。

为程信和著《经济法新论》作序。

1994年

5月7日，全国法官协会第一届理事大会召开，先生任中国法官协会副会长。

5月下旬至6月初，南下视察湖南、广东等地地方法院。

6月6日，在中山大学接见几内亚最高法院院长。在穗期间参加了广东省法院经济审判工作会议。

10月，先生赴意大利帕尔马市参加世界法学家协会家庭法研讨会。

在《群言》第10期发表《民主与法制建设的四十五年》。

在武汉大学《校友通讯》（总第14期）发表《抗日战争爆发后的武汉大学》。

为姚栋华、陶凯元编著的《商业法案例精解》作序。

为蒋贤争编著的《民事损害赔偿》作序。

为李启欣主编的《社会主义市场经济法制研究——纪念中山大学法律学系重建15周年论文集》作序。

本年，先生专著《法国史研究文选》由中山大学出版社出版。

1995 年

6 月，先生最高人民法院副院长和审判委员会委员任期届满，改任最高人民法院咨询委员会副主任。

自 1990 年上任至本年，先生以年逾古稀的高龄，走遍了当时全国九个海事法院和二十多个铁路法院。

6—8 月，先生应意大利罗马大学、法国人文科学之家和瑞士比较法研究所邀请，前往意大利、法国和瑞士进行司法交流，夫人姜凝随行。

8 月，撰写《关于外交学院增设国际法系的论证意见》。

本年，在《群言》第 1 期发表《新年五愿》。

在 3 月 7 日《人民法院报》发表《进一步做好审判工作》。

在《海峡两岸法学研究文集》一书发表《法学教育之研究》。

在《群言》第 4 期发表《意大利掠影》。

在《群言》第 11 期发表《纪念联合国成立 50 周年》。

为 7 月在法国出版的《法院通讯》第 183—185 号（中国法律专刊）［*Gazette du Palais, Numéro spécial* (La Chine et le droit), Nos.183 à 185, juillet 1995］写序言。

在《中国国际法年刊》发表《沉痛悼念苏珊·巴丝蒂教授》。

为董家遵著《中国古代婚姻史研究》作序。

为江振良著《中国历代刑法》作序。

1996 年

春节，在广东与任建新老院长会面，交换咨询委员会工作意见。

6 月，在北京再次与任建新老院长在咨询委员会会面。

11 月，在北京参加中国国际法学会会议。

在《世界历史》第 6 期发表《纪念法国人民阵线六十周年——塞

尔日·沃利柯夫的〈法国人民阵线〉》。

在《世界历史》第6期发表《喜读新出的法国史专著——〈法兰西第三共和国兴衰史〉》。

为汤荣喜著《河海魂》作序。

为郑定欧主编的《香港词典》作序。

为王恩韶、许履刚著《共同海损》作序。

为姚栋华、张增强主编的《英汉商业法律词典》作序。

1997年　　5月11日，在武汉大学获得首届杰出校友奖。

本年，在《北京珞嘉》第1期（总第3期）发表《我与香港基本法》。

在《群言》第6期发表《香港基本法必将顺利实施》。

在《纪念香港回归专辑》一书中发表《参与起草〈中华人民共和国香港特别行政区基本法〉的片段回忆》。

为李斐南、黄瑶主编的《现代法律英语》作序。

本年，先生主编的《国际法》由北京大学出版社发行新版（第二版）。

1998年　　9月，在北京参加中国法国史研究会第七届年会。

本年，在《群言》第3期发表《瑞士观感杂录》。

在《中国国际法年刊》发表《中国第一个国际法学术团体——"公法学会"》。

为陈致中编著的《国际法案例》作序。

为潘抱存著《中国国际法理论新探索》作序。

为陈其津著《我的父亲陈序经》作序。

撰《怀念沈炼之教授》，收入《沈炼之学术文选》一书。

本年，先生主编的《国际法》再次被教育部指定为高等自学考试法律专业学习教材。

1999年	4月，在广东深圳视察。
	5月，先生前往荷兰海牙参加常设仲裁法院全体仲裁员大会，适逢海牙举行"第一次海牙和平会议"100周年纪念活动。
	11月初，在广东深圳参加最高人民法院咨询委员会会议。
	11月，在广州出席中国法国史研究会举办的"1789年迄今的法国政治体制研讨会"。期间在法学、历史、外语等学科的同事、学生祝福下庆祝八十寿辰。
	12月，在海南文昌参加陈序经学术研讨会。
	12月下旬，在北京接待法国汉学家弗兰索瓦丝·萨班女士。
	本年，为《中山大学法律评论》创刊号作序。
2000年	9月，参观河北保定留法勤工俭学运动纪念馆。
	本年，先生荣获中国国际法学会授予的"为中国国际法事业的发展做出杰出贡献奖牌"。
	本年，在《群言》第1期发表《时间消逝更显长久价值——喜读〈董每戡文集〉三卷》。
	在《群言》第11期发表《读韩德培传记有感》。
	撰《重温钱端升教授关于国际法院的设想》，收入《钱端升先生纪念文集》。
	为袁古洁著《国际海洋划界的理论与实践》作序。
	本年，先生主编的《国际法》再次由北京大学出版社发行新版（第三版）。
2001年	4月12日，应中国人民对外友好协会会长陈昊苏邀请，参加纪念巴黎公社130周年活动。
	4月17日，在欧美同学会与阔别多年的留法老同学相聚，其中有

吴文俊、吴冠中、董宁川等。

11月18日，在北京参加中山大学校友会组织的"纪念辛亥革命90周年暨孙中山先生诞辰135周年"活动。

本年，为郑佩玉、李开云主编的《"九七"后香港经济社会研究》作序。

2002年

3月，先生受聘为北京外交学院兼职教授。

3月22日，参加中山大学法学院复建挂牌仪式暨中国法学教育改革研讨会。

5月17日，在欧美同学会再度与留法老同学相聚。

12月中旬，在广州花都参加中国法国史研究会年会。是次年会，研究会领导成员完成新老交替，先生之女、中国社会科学院世界历史研究所研究员端木美，当选为新一届中国法国史研究会会长。先生继续担任该会名誉会长。

2003年

自本年起，先生原本无大碍的身体开始为病痛所困。

3月，在北京接待法国汉学家伊丽莎白女士，就有关中国伊斯兰教史的问题交换了意见。

5月下旬，先生如常回到中山大学，为法律学系的研究生上课与准备论文答辩。某日，先生已感不适，在学生搀扶下仍坚持前往课室上课，结果归家后病了一场。自此，体力日衰。

本年，为黄瑶著《论禁止使用武力原则》作序。

2004年

11月，中山大学举行建校80周年庆典，特意由学校出版社为先生出版《端木正文萃》一书。

11月12日，由中山大学、民盟中央共同在广州为先生举办从教五十五周年暨八十五诞辰庆祝活动。

本年，撰《怀念宗绪点滴》。

2005 年

4 月 29 日，在欧美同学会与留学法国的几个老学长作最后一次聚会。

7 月 19 日，先生最后一次游览母校清华大学，次日送别刚从清华大学毕业的外孙庞名昕赴法国留学。

10 月 16 日，最后一次参加北京"岭南（大学）校友会"聚会。

本年，中共广东省委、广东省人民政府首次为岭南地区十八位德高望重的优秀哲学社会科学老专家颁发"特别学术成就奖"，先生获此殊荣。

本年，先生的门人弟子为庆贺恩师八十五寿辰，共同筹划撰写与编辑了《明德集——端木正教授八十五华诞祝寿文集》一书，由北京大学出版社出版。

2006 年

本年，先生健康见差，在京治病数月。

7 月 14 日，应法国驻广州总领事卜来世 (Daniel Blaize) 伉俪邀请，先生偕夫人、次子端木达夫妇、孙子端木时夫妇，在广州出席法国国庆招待会。

9 月，中国法国史研究会在上海举办第三届中法历史文化研讨班，先生嘱咐从广东为在沪杭的研究会理事们捎去广东月饼，以示他对研究会同事的思念。

11 月 9 日，最高人民法院副院长曹建民到北京翠微西里端木居所探望先生。

11 月 12 日，中山大学法学院众校友借中国人民大学之地相聚共贺校庆，先生步履艰辛，由妻女相伴出席聚会，受到学生们的欢迎。

11 月 18 日，中国法国史研究前辈王养冲先生百岁生辰，先生亲笔写下"恭祝王养老百年华诞 福如东海 寿比南山 端木正鞠躬 2006 年 11 月"的贺信，托端木美前往上海向王老贺寿，以表达对前辈的敬意。这是先生最后的笔迹。

11 月 27 日，先生偕夫人离京抵穗返回中山大学居所。

11 月 28 日凌晨 3 时许，先生突发心脏病，安详辞世，享年 87 岁。

11 月 29 日，最高人民法院、中共广东省委联合在广州光塔寺为先生举行隆重的穆斯林葬礼。随后依照回族习俗，将先生安葬于广州市三元里回民公墓。

家人寄语

父亲端木正百年诞辰纪念活动终于在他安身立命一辈子的中山大学举行。在不寻常的 2020 年，由父亲一生以"教书匠"为荣的学校同事、学生回顾他不同凡响的百年，是纪念他的最好方式。

这次纪念活动得到中山大学校领导和档案馆、图书馆、法学院等单位各级领导以及端木正法学基金会的高度重视和支持，举办了纪念会、档案捐赠和图书捐赠仪式，并由档案馆牵头组织了《端木正教授百年纪念图传》印行，使得这次活动丰富多彩，极具历史意义。

《端木正教授百年图传》的印行作为这次活动重要一项，尤为引人注目。档案馆从去年下半年就开始征集父亲生活学习工作过的地方的资料，尽管全国受疫情影响，恢复工作情况不同，但是一些宝贵的、从未发表过的资料都能及时寄到中山大学档案馆！衷心感谢武汉大学、清华大学、最高人民法院、广东省民盟等多个单位鼎力支持，他们提供的珍贵档案资料，把父亲一生脚踏祖国坚实大地上的足迹衔接更完整更清晰。

更令人钦佩的是，档案馆参与编制图传的专家们精心策划、认真投入，短时间内图传就有了合理的框架、充实的内容。在各位的努力下，我们还能有幸请到中山大学文献与文化遗产管理中心主任程焕文教授、法学院院长黄瑶教授为本书作序，感激之情难以言表！最后，还要感谢广东省高级人民法院原院长吕伯涛先生、法学家程信和先生及书法家麦玉琼女士为图传题诗题字。

这本图传的成功印行将有助于把以父亲端木正为代表的那一代中国知识分子的爱国情怀、学术造诣、奉献精神代代相传。

端木美、端木达

2020 年 10 月

后 记

　　端木正先生是我国当代著名的国际法学者、法国革命史学者、教育家，他在法学、历史学和政治学等领域拥有精湛、深厚的学术造诣，长期从事教学和研究工作，先后执教于岭南大学、中山大学，曾任最高人民法院副院长、全国人大代表、香港特别行政区基本法起草委员会委员和国际常设仲裁法院（设在荷兰海牙）终身仲裁员等职。先生一生自诩为"教书匠"，从教半个多世纪以来，培养了众多专业人才，可谓是桃李满天下，门生遍五洲。

　　今年正值先生的百年诞辰，特编撰这本纪念图传，借此铭记先生复办我校法律学系之功及其孜孜不倦地服务于教育事业及为国家建设作出的卓越贡献，传承其"广得英才而育之"的人文精神及"要学法，先要学会做人"的教育理念，弘扬其学成归国效力的爱国情怀、终身献教的奉献精神、端正严谨的治学态度和不慕名利的高尚品格。

　　本纪念图传从去年开始筹备，后因疫情原因，整理、编撰工作受到不少影响。所幸，疫情得到初步控制后，得到了端木正先生家属的鼎力支持，使得图传的编撰工作能有条不紊地进行，并在紧张有序的工作后顺利付印。端木美研究员和端木达先生向学校档案馆捐赠了大批先生的珍贵档案，为图传的编撰提供了大量重要的素材。本图传中无特别说明来源的材料，均由端木正先生的家属提供。本书的编撰，也得到了法学院和端木正法学基金会的大力支持，李蜜老师和赵晓雁老师为图传提供了先生在法律学系任职期间的照片，这些照片更加立体地展现了先生筚路蓝缕的创业历程和孜孜以求的奋斗精神。此外，最高人民法院、清华大学档案馆、武汉大学档案馆和广东省民盟，均向本馆提供了先生就读及任职期间的档案和照片，为图传生辉增色，谨此表示衷心的感谢！

本图传是集体智慧的结晶，各方为此付出了辛勤的劳动。周纯馆长支持并指导项目的实施；姚明基副馆长负责项目统筹、档案征集、审稿和指导印制等工作；刘一凡副馆长、张建奇老师分别负责向清华大学档案馆、广东省民盟征集档案资料；李敏玲老师负责向武汉大学档案馆征集档案资料，以及图传内容的策划、编撰、统稿和编辑校对等工作；吕炳庚老师负责档案的接收、整理和编辑、编撰和校对等工作；王蒙老师负责图传的校对等工作；端木美研究员、端木达先生、李明章书记、黄瑶院长、李蜜主任和赵晓雁老师，多次对本书的编撰，提出了许多宝贵意见；历史系的李锐洁、龚苗和刘奕程同学，协助整理和著录了大量的历史照片。

为更好地多方位地展示端木正教授的风范，纪念大会之后，于2021年下半年，在法学院和档案馆的共同努力之下，将部分发言嘉宾致辞，增补入书，以飨读者。

本书的出版承蒙端木正法学基金资助，特此表示感谢！

由于疫情原因，本图传编撰时日仓促，限于编撰水平，纪念图传难免有缺漏、错误及不妥之处，盼读者予以批评指正。

中山大学档案馆

2021 年 9 月 8 日

端木正法学基金简介

　　端木正法学基金成立于 2015 年 5 月 4 日，缅怀端木正教授复办中山大学法律学系的功业，继承弘扬端木教授的教育理念与广育英才的人文精神，培养国际型法学人才，加强中山大学法学院校友与法学院的联系。

　　端木正法学基金的主要用途为国内外学术交流活动，包括邀请国内外著名学者到法学院讲学，选派优秀的本科生、研究生、博士生和法学院老师出访交流等，力求惠及法学院众多师生。

　　端木正法学基金设立理事会，理事会为本基金的决策、管理机构。

　　端木正法学基金首期捐赠源自端木正教授众弟子、中山大学法学院老师和校友以及端木正亲属。基金倡议及欢迎全体中山大学校友、校友单位和社会各界人士、团体积极、持续地捐赠，以使本基金不断发展壮大。

　　端木正教授的贡献与开创之功，惠泽深远。每一位中大法律学子，当常思前贤恩泽，继往开来。今天，设立端木正法学基金，正是缅怀老师的功业，以励来者；同时，也是继承他"广得英才而育之"的理想，薪火相传，为社会培养更具国际视野、更具学术情怀、更具人格力量的国际型法律人才。也因之可为中山大学法学院的建设添砖加瓦，以报母校的培养之恩。